EXPOSÉ CHRONOLOGIQUE

DES RELATIONS

DU

CAMBODGE

AVEC

LE SIAM, L'ANNAM & LA FRANCE

Par CHARLES LEMIRE

CHEVALIER DE LA LÉGION D'HONNEUR,
CHEVALIER DE L'ORDRE ROYAL DU CAMBODGE, OFFICIER D'ACADÉMIE,
AUTEUR D'OUVRAGES SUR LA COCHINCHINE, LE CAMBODGE ET LA N^{lle}-CALÉDONIE,
MEMBRE CORRESPONDANT
DE LA SOCIÉTÉ DE GÉOGRAPHIE COMMERCIALE DE PARIS.

PARIS

CHALLAMEL AINÉ, LIBRAIRE-ÉDITEUR
COMMISSIONNAIRE POUR LA MARINE ET LES COLONIES
5, rue Jacob et rue Furstenberg, 2

1879

EXPOSÉ CHRONOLOGIQUE

DES RELATIONS

DU

CAMBODGE

EXPOSÉ CHRONOLOGIQUE

DES RELATIONS

DU

CAMBODGE

AVEC

LE SIAM, L'ANNAM & LA FRANCE

Par CHARLES LEMIRE

CHEVALIER DE LA LÉGION D'HONNEUR,
CHEVALIER DE L'ORDRE ROYAL DU CAMBODGE, OFFICIER D'ACADÉMIE,
AUTEUR D'OUVRAGES SUR LA COCHINCHINE, LE CAMBODGE ET LA N^{lle}-CALÉDONIE,
MEMBRE CORRESPONDANT
DE LA SOCIÉTÉ DE GÉOGRAPHIE COMMERCIALE DE PARIS.

PARIS

CHALLAMEL AINÉ, LIBRAIRE-ÉDITEUR

COMMISSIONNAIRE POUR LA MARINE ET LES COLONIES

5, rue Jacob et rue Furstenberg, 2

—

1879

INTRODUCTION

Suivant une ancienne légende cambodgienne, *Préa En* [1], le roi des anges, qui domine sur les régions du monde, se rendit en fendant les airs, une épée flamboyante à la main, auprès du roi d'Annam, du roi de Siam et du roi de Cambodge. Il leur demanda quel était le bien que chacun d'eux désirait le plus obtenir.

Le roi d'Annam répondit: la toute-puissance.

Le roi de Siam, la conservation de son royaume.

Le roi de Cambodge, l'observation des préceptes de la justice et de la religion.

Au premier, *Préa En* donna un fourreau d'or ; au second, une garde d'épée, ivoire et or; au troisième, la lame qui étincelait comme le diamant.

Au Cambodge la conservation de cette lame sacrée, qu'on appelle le *Préa khân,* est confiée à des personnages âgés qui se distinguent en ce qu'ils portent les cheveux longs. Ce sont les *Bacou* [2].

---

[1] *Phra-Indra* des Indous.

[2] « Les Bakou descendent de la caste des Brahmanes (*Púoch Préem*). Ils ont à Siam des frères, dont nous ignorons la condition, avec lesquels ils sont quelque peu en relation. A Bangkok ceux-ci ont un temple brahmanique (*Baut Préem*) où le chef actuel des Bakou cambodgiens a étudié pendant sa jeunesse.

La qualité de Bakou se transmet par les mâles. D'ailleurs les alliances au

Leur charge est héréditaire dans leurs familles qui ne se marient qu'entre elles.

Cette épée est portée au couronnement du roi. Celui-ci se prosterne devant ce palladium que les Bacou remportent ensuite secrètement. Une poignée dorée a été adaptée à l'épée et un fourreau en velours rouge la protége et la dérobe à tous les regards.

Dans ces temps antiques, les sages parlaient par la bouche d'êtres surnaturels et leurs conseils, sous la forme légendaire,

dehors de la caste sont rares, quoique non interdites par la loi. Les Cambodgiens les croient funestes (*chǎngrǎy*), et principalement celles des filles Bakou avec des hommes *Khmèrs*.

Les Bakou s'habillent comme les autres Cambodgiens, dont ils ne se distinguent extérieurement que par les cheveux qu'ils portent longs et tordus en chignons à la mode annamite. Bouddhistes, ils se font bonzes dans leur jeunesse et alors se rasent la tête suivant la règle. Leurs femmes ne se distinguent pas des autres Cambodgiennes.

Les occupations quotidiennes des Bakou sont celles des autres Khmèrs. Répandus dans tout le royaume, ils ne sont plus exempts d'impôts comme autrefois. Ils ont des chefs spéciaux choisis par le roi dans leur caste, au nombre de sept. Le plus élevé porte le titre de *Préa Eséy Phahs* ; les autres sont le *Pré Rep Acha*, le *Préa Thamréch*, le *Préa Bámicha*, le *Préa En* (Indra), le *Préa Prohm* (Brahmah), le *Préa Préem* (Rama).

Les Bakou jouent un grand rôle dans toutes les cérémonies royales. Ils récitent des formules (*akûm*) spéciales, inintelligibles pour les Cambodgiens et probablement en sanscrit. Cette caste a une fonction toute particulière : la garde de l'épée sacrée (*Préa Khan*).

Les Bakou sont convoqués par tout le royaume à tour de rôle, au nombre de dix ou douze, pour faire pendant un mois, le service près de l'antique glaive, au palais dans un corps de bâtiment spécial.

Deux fois par semaine, le mardi et le samedi, vers sept heures du matin, après récitation des formules consacrées, la vénérée relique est tirée de son fourreau et exposée sur un tapis dans la chambre où elle est habituellement renfermée. Un Européen peut la voir, à ce moment, si toutefois les Bakou sont bien assurés qu'il en a reçu l'autorisation royale. C'est une arme en fer, large et courte, sur laquelle sont figurées les principales divinités brahmaniques. L'ancien fourreau, perdu, dit-on, est remplacé par un autre relativement moderne, richement doré et laqué. Ce fourreau est enveloppé de velours rouge et le tout contenu dans un etui.

Ainsi que le dit Janneau, « c'est par les soins des Bakou que la précieuse épée, cachée plus d'une fois, sans doute, pendant les périodes critiques des troubles intérieurs et des invasions, a pu être conservée intacte et arriver jusqu'à nous à travers les perturbations de toute nature qu'a éprouvées si souvent le Cambodge. »

Les Bakou sont au nombre de huit cents à mille hommes faits.

« D'après une opinion très-répandue au Cambodge, si la famille royale (*Préa Vong*) actuelle venait à s'éteindre, c'est dans la caste des Bakou que les Khmèrs devraient en choisir une nouvelle, parmi celles qui, autant que possible, se sont conservées pures de toute alliance étrangère à la caste. » (Notice Aymonier.)

frappaient l'esprit des rois, en même temps qu'ils exerçaient par l'intervention imaginaire de la divinité une plus grande influence sur le peuple.

De la légende du *Préa khân* ressort la nécessité d'une inviolable et pacifique union entre les trois royaumes d'Annam, de Siam et de Cambodge qui ne devaient pas agir l'un sans l'autre. Au roi qui cherche à agrandir ses États par la guerre et à tout dominer, *per fas et nefas, Préa En* remet le fourreau, afin que ses menaces soient impuissantes et qu'il ne puisse nuire à ses voisins.

Au roi conservateur, *Préa En* donne la poignée, afin qu'il dirige, sans coup férir, les destinées du royaume.

Au roi ami de la justice et de la concorde, il donne la lame sans poignée, afin que la force dont il est dépositaire ne soit pas employée contre les nations voisines.

Les rapports qui devaient infailliblement s'établir et se continuer entre ces trois royaumes, selon les prévisions et les sages enseignements de la légende, se sont fatalement manifestés du côté de l'Annam par des envahissements successifs, des conquêtes, des guerres sanglantes et le protectorat forcé ; du côté du Siam, par l'annexion de plusieurs provinces cambodgiennes, pour prix de son intervention intéressée et en échange de son protectorat de seconde main ; du côté du Cambodge, par des agressions contre le Siam, par des guerres intestines qui l'affaiblissent et le mettent à la merci de ses voisins, par sa résistance impuissante contre les conquêtes des Annamites et l'invasion siamoise, enfin par le démembrement du pays, au profit de ces deux nations.

Le plus ancien et autrefois le plus puissant de ces trois royaumes, le *Maha no'cor Khmer*, était hors d'état d'échapper à une ruine complète lorsque les Français vinrent reprendre aux Annamites les provinces que ceux-ci avaient prises au Cambodge, et succéder à leurs droits de protectorat sur ce pays (1862).

Dès lors, l'autonomie de ce petit royaume est assurée, et il essaie de se relever sous l'impulsion généreuse de ses nouveaux voisins.

Au point de vue des prétentions du Siam, au point de vue de nos droits de protectorat sur le Cambodge, de la sécurité de notre territoire en Cochinchine, de l'extension de notre influence et de notre commerce, de nos rapports de bon voisinage, les relations qui ont eu lieu avant notre arrivée entre ce dernier peuple, le Siam et le Cambodge sont importantes à connaître, et comme ce n'est là qu'une question de priorité établie sur des faits, il est utile de rappeler d'après les dates les événements qui décident cette question. Le *Gia dinh thong Chi* a jeté un grand jour sur ces faits; mais seulement à partir de l'année 1658, époque où les Annamites entreprennent la conquête du Cambodge.

Les annales siamoises faisant remonter jusqu'à l'an 1540 l'intervention des Siamois dans les affaires du Cambodge, il était nécessaire de rechercher dans les annales annamites quelles étaient avant cette époque les relations du Cambodge avec le royaume d'Annam et si les droits de supériorité de ce dernier État n'étaient pas antérieurs aux prétentions du Siam. Les notes historiques traduites des livres chinois et annamites par le père Legrand de la Liraye nous fourniront ces renseignements ; nous nous occuperons des annales siamoises, surtout pendant les trois derniers siècles, les prétentions des Siamois ne remontant pas à une époque plus reculée. Pour l'histoire du Cambodge, les notes du père Bouillevaux, de Mgr Pallegoix et les annales de ce pays nous serviront de points de comparaison.

Il y a souvent dans les annales annamites défaut de concordance de date pour les faits de l'histoire siamoise. La même chose a lieu dans les annales siamoises. Ces inexactitudes sont facilement redressées. En outre, l'année siamoise commençant généralement dans les premiers jours d'avril, il y a parfois une année de différence dans les dates, l'année chinoise commençant généralement dans les premiers jours de février.

Enfin les annales annamites désignent un même souverain par des noms différents, adoptés à diverses époques du règne, et une même province, par des noms géographiques différents, selon qu'on emploie la langue officielle ou chinoise ou la langue vulgaire ou annamite, ou la désignation locale. De là une certaine confusion apparente. Il est donc indispensable, pour l'intelligence des annales étudiées par des Européens, d'adopter un nom unique, pour les personnes et les lieux, en rappelant les dénominations correspondantes. C'est le second objet de ce travail dont le principal mérite est d'avoir été préparé en 1867, époque à laquelle peu de personnes s'occupaient d'études cambodgiennes. Aujourd'hui que nos relations avec ce pays sont devenues plus étroites, ce mémoire pourra servir encore, sous le rapport de son double objet, à tous ceux qui s'occupent de reconstituer l'histoire du Cambodge. Nous tiendrions à honneur que cet écrit pût prendre place à côté de leurs laborieuses et savantes recherches.

CH. LEMIRE.

EXPOSÉ CHRONOLOGIQUE

DES

RELATIONS DU CAMBODGE

AVEC

LE SIAM, L'ANNAM & LA FRANCE

I

Origines Cambodgiennes. — Territoire primitif du royaume. — Traditions légendaires. — Absence de documents précis. — Introduction du boudhisme (440). — Indépendance du Siam (638). — Royaume de Tsiampa ou des Chams. — Relation avec la Chine (836).

L'origine de la nation cambodgienne a été retracée dans l'ouvrage que nous avons publié en 1869 [1]. Quant au territoire du Cambodge, à l'époque de la grandeur de ce pays, il comprenait le *Binh-Thuan*, ancien royaume de *Tsiampa* et actuellement province annamite contiguë à la frontière française, et descendait le long de la mer jusqu'au *Siam*, c'est-à-dire du 101e au 107e degré de longitude. Dans l'intérieur, il s'étendait à l'ouest jusqu'au *Laos*, du 8e au 15e degré de latitude. Il exerçait alors, sinon une suzeraineté propre, du moins une grande influence sur toute cette région du *Laos*, où la domination du *Siam* tend à s'établir aujourd'hui, sans autre rivalité que la nôtre. La prospérité des *Khmer dom*, ou Cambodgiens primitifs, commence

---

[1] *Cochinchine française et royaume de Cambodge,* ouvrage avec 4 cartes, 2e édition, 1877. Paris, Challamel aîné, éditeur, 5, rue Jacob.

à décliner vers le milieu du viie siècle, lors de l'affranchissement du Siam sous le règne de *Phra-ruang*, vers l'an 640.

Les Cambodgiens n'ont conservé, comme trace écrite de leur histoire, qu'une aride « chronique royale », traduite sous la direction de M. de Lagrée et revue par M. Moura. Du moins toutes les recherches tentées jusqu'ici, dans le but de découvrir des annales historiques ou d'importantes inscriptions, ont échoué et il faut s'en rapporter à des traditions légendaires et obscures, ou à des récits tracés par des auteurs étrangers, sans impartialité et intéressés au contraire, pour servir la cause de leur propre pays, à dénaturer ou à travestir les faits qu'ils signalent. C'est ainsi qu'il faut puiser à la fois dans des livres chinois, siamois, annamites et dans les souvenirs des bonzes cambodgiens pour remonter vers les origines du royaume.

Le pays d'*Annam* ou des *Giao-chi* ne fut à l'origine qu'un gouvernement, une vice-royauté, composée de plusieurs provinces, dépendant de l'empereur de la Chine qui en nommait les gouverneurs.

363. — Au milieu du quatrième siècle nous trouvons déjà trace de l'existence du Cambodge. Les annales annamites parlent d'une guerre entreprise en 363 par le gouvernement de *Giao*, l'Annam actuel, contre l'État de *Lam-âp*, peuple qui habitait le littoral du cap St-Jacques jusqu'au *Tong-King*. Les annales ajoutent que cet État touchait au midi au *Chan lap* ou *Cambodge*.

440. — En 440, le roi *Préa Ket Méaléa* régnait à *Enthipat Borey* lorsque les livres boudhiques furent apportés de Ceylan par le religieux *Préa Put Khosa*.

616. — D'après l'ouvrage d'un voyageur chinois, le Cambodge, appelé en Chine *Tchinla*, formait, en l'an 616, un État tributaire de l'empereur de la Chine, auquel il envoyait des ambassadeurs. Il dépendait de la province chinoise du *Tong-King*. Les Chinois avaient déjà soumis à leur domination le *Lam-âp* ou *Tsiampa*.

625. — Or, en 625, le roi du Cambodge secoua le joug de la Chine et s'empara du *Tong-King* et plus tard du *Tsiampa* (actuellement province de *Binh-Thuan* contiguë à la frontière française). Sous les *Ming*, (1368 à 1600), il se rendit maître de toute la Cochinchine (*pays de Giao*).

Il faut en conclure que le Cambodge était primitivement un royaume établi sur les bords du fleuve *Mékong*. Il parvint à s'agrandir vers le nord aux dépens de la Chine, et comptait au sud, parmi ses tributaires, le royaume de Siam.

Le sixième siècle fut l'époque de la plus grande puissance du Cambodge. Il ne conserva pas le *Tong-King*; mais il possédait un territoire qui descendait le long de la mer, y compris le *Binh-Thuan* (province annamite voisine de Baria) jusqu'au Siam, c'est-à-dire du 101e au 107e degré de longitude ; et dans l'intérieur il s'étendait à l'ouest jusqu'au Laos, c'est-à-dire du 8e au 15e degré de latitude. Le Siam était sous la domination du Cambodge et envoyait le tribut à la ville de *Kamphoxa*, vieille capitale dont le nom est devenu celui du royaume.

638. — En 638, le roi de Siam, *Phra-Ruang*, alla lui-même présenter ses hommages et porter des présents au roi de Cambodge, *Bautumo-Saurivong*[1]. Parmi les choses qu'il lui offrit[2] il y avait un panier plein d'eau, laquelle ne coulait pas par les fentes. Le roi de Cambodge surpris de ce fait extraordinaire voulut faire massacrer *Phra-Ruang*, songeant que s'il le laissait vivre, il ne tarderait pas, par son mérite, à s'élever au-dessus de tous les autres rois. Mais, au moment où les soldats allaient se jeter sur *Phra-Ruang*, pour le tuer, ce prince, qui par sa mère était de la race des *naghas*[3], se plongea dans la terre et disparut. Quelques jours après, il était de retour dans son royaume. Dès ce moment *Phra-Ruang*, non-seulement ne paya plus de tribut au roi de *Kamphoxa*, mais le força à reconnaître son indépendance.

Ce n'est là qu'un récit légendaire; mais c'est une époque remarquable. C'est alors en effet que le Siam s'affranchit de la

---

[1] Phra-Ruang est le même que *Pouhéa Roung*. M. Aymonier dit de ne pas confondre Bautumo Saurivong avec le fondateur d'Angcor. *Notice sur le Cambodge*, page 6.

[2] Mgr Pallegoix, *Description du Siam* ; Bouillevaux, *Voyage dans l'Indo-Chine*.

[3] Naghas ou Néac—serpents fabuleux qui vivent sous terre et au fond de la mer.

domination cambodgienne et se constitue en pays libre (royaume des *Thaï*).

L'alphabet cambodgien était alors en usage au Siam. Le roi, *Phra-Ruang*, le modifia et en forma l'alphabet thaï. Du règne de ce prince date l'ère civile siamoise à laquelle son nom est resté attaché.

722. — Les provinces annamites formaient l'extrême sud de l'Empire chinois, dont elles faisaient partie, lorsqu'en 722 nous voyons une première alliance [1] du Cambodge et du *Tsiampa* [2] avec un chef annamite du Tong-King, qui réunit ainsi 30,000 hommes et se déclare Empereur noir; mais il est battu par un général chinois.

767. — En 767, les peuples de *Con non* et de *Chava* (malais) envahirent les préfectures; mais ils furent soumis et annexés au royaume de *Tsiampa*.

800-810. — Dans les premières années du neuvième siècle, les Siamois firent une tentative inutile contre le Tong-King.

836. — En l'an 836, le vice-roi chinois des provinces annamites s'était acquis un tel respect [3], que toutes les tribus, aussi bien que le Siam (*Xiem*) et le Cambodge (*Chan-Lâp*), vinrent aux hommages annuels.

931. — A partir de 931 des capitaines annamites se soulèvent contre les gouverneurs chinois, qu'ils chassent. Ils préparent l'indépendance de la nation, en dirigeant eux-mêmes les affaires de leur pays, et prennent le titre d'empereurs ou rois, tout en demandant pour le prestige de la forme, l'investiture de la Chine.

---

[1] Notes historiques, P. Legrand.

[2] Le royaume de Tsiampa (*Lamp-Ap*) se trouvait compris entre la province de Binh-Thuan et le Tong-King. C'était un peuple d'origine malaise et suivant la religion mahométane. Les Annamites prirent d'abord sur les Tsiampois les provinces de Hué (*Thuan-Roa*) et de Tourane (*Quang Nam*) en 1460 et finirent par faire main basse sur tout ce pays, dont les habitants furent chassés et sont maintenant dispersés en Cochinchine et surtout au Cambodge sous le nom de *Cham* (prononcer Kiam).

[3] Disent les annales annamites, traduction du P. Legrand.

Le Cambodge devient tributaire de l'Annam (1028). — Le roi lépreux (1057).
— Indépendance de l'Annam (1428). — Le Cambodge devient tributaire
du Siam (1540). — Arrivée des Portugais (1553). — Découverte des ruines
d'Angcor (1570). — Arrivée des Hollandais (1643). — Premiers empiètements des Annamites (1658). — Empiètements des Chinois envoyés par
le roi d'Annam (1689).

979. — Les Siamois envoient, en 979, une flotte de plus de
mille jonques soutenir un prétendant contre le roi d'Annam
Lê-Hang ; mais une tempête fait échouer cette entreprise.

981. — En 981, le Siam, ayant retenu les ambassadeurs
annamites, en fut sévèrement puni par le roi d'Annam *Lê Hang*.
L'armée siamoise fut massacrée avec son général ; le roi de
Siam abandonna sa capitale. Cent de ses femmes tombèrent au
pouvoir de *Lê Hang* avec un bonze indien, des trésors et un bu-
tin immense ; la ville fut détruite et rasée.

991-992. — *Lê Hang* refuse les présents du Siam et étouffe
des révoltes favorisées par les Siamois.

1012. — En 1012, troisième année du règne de *Ly—Cong-
Uan* en Annam, le Cambodge vint lui rendre hommage et lui
apporter des présents. Le roi de Cambodge résidait alors à
Balado-Hu'u qui est maintenant *Dong-nai* ou *Bienhoa*. Les
Chinois appelaient ce royaume *Chan—Lâp* ; les Annamites l'ap-
pelaient *Ha—Khuat*. Ils disent maintenant *Cao-men*.

Le Cambodge, ou *Chan-Lâp*, qui s'était aussi appelé *Kuk-
Thelok*, était divisé en deux : la partie nord ou montagneuse ou
Chan-Lâp, et les rivages de la mer, au sud, qu'on nommait
Nhieu-Can-Trap. La moitié du Cambodge (*Chan-Lâp*) était

noyée. La partie aqueuse avait 800 *ly* (80 lieues). La partie sèche avait 700 *ly* (70 lieues).

1020. — Les Siamois portent la guerre dans la province annamite de *Bochanh*, située entre *Hué* et le *Tong-King*. Plus de la moitié de leur armée est passée au fil de l'épée.

1028. — Les Cambodgiens vinrent apporter leurs hommages au chef de l'Annam, *Phatma*, qui avait succédé à son père *Ly-Cong-Uan*. *Phatma* est le même que *Thaï-tong* qui régna de 1028 à 1055.

1044. — En 1044 *Phatma* déclara la guerre aux Siamois, pour n'avoir pas envoyé d'ambassadeurs depuis la mort de son père, c'est-à-dire depuis seize ans.

1057. — Le roi de Cambodge *Khota-Thevarat* habitait en 1057 *Enthipat*, ancienne ville située sur la rive gauche de la rivière de *Oudong* et près du grand lac. C'était la ville d'*Indra*, qui fut depuis appelée *Angcor* ; elle avait été fondée par *Préa Pathum Surivang* [1].

Préa En, le roi des anges, guérit un lépreux et lui laissa des insignes royaux. Le lépreux guéri se dirigea vers la capitale sur un cheval aérien. Le roi *Khota-Thevarat* s'enfuit avec la reine et sa famille. Le lépreux monta alors sur le trône sous le nom de *Préa Krek* ou *Sdach Comlong*, et prit pour reine une princesse de la famille de *Khota-Thevarat*.

Son petit-fils n'eut qu'une fille qui fut reine du Cambodge. Elle prit pour époux *Préa Chan Uthong*, dont le règne dura sept ans.

1076. — La Chine recherche l'appui du roi de Cambodge pour lutter contre le *Tong-King* révolté.

Sous les règnes suivants s'accentue la décadence du Cambodge : ses agressions contre le Siam lui attirent des guerres malheureuses.

Le Cambodge, disent les annales siamoises, était une nation considérable, puissante et indépendante. Ses rois étaient souvent

---

[1] *Bautumo Saurivong*. La construction de la ville d'*Angcor* est attribuée par M. Aymonier (notice AYMONIER, page 4) à *Bautumo Saurivong* et la construction des temples à *Préa Ket Mealéa*.

en guerre avec le Siam ; tantôt les Cambodgiens furent victorieux et réussirent à soumettre une certaine partie du territoire siamois ; tantôt les Siamois eurent l'avantage et conquirent plusieurs provinces cambodgiennes.

1268. — Le Cambodge eut à soutenir une guerre contre *Kublaï Khan*, souverain tartare de la Chine. Celui-ci emporta la promesse d'un tribut , mais ne put conquérir le royaume. Alors commencèrent les luttes intestines, les querelles de palais, et en même temps la décadence du *Maha Nocor Khmer*. Comme toutes les routes sont ouvertes et sans protection, sauf celle d'*Oudong*, les invasions sont faciles et les peuples voisins ne l'ignorent pas.

1385. — Le roi de Siam *Ramé Suen* prit la čapitale du roi de Cambodge qui se transporta à *Babaur* dans l'est de la province de *Pursat*.

1418-1428. — Les Siamois prêtent la main aux généraux chinois pour réduire la nation annamite (*Giao-chi*) livrée à l'anarchie. Mais *Lé–Loï*, fils du chef d'une tribu annamite, conquiert définitivement l'indépendance du pays et se fait reconnaître roi d'Annam par la Chine elle-même, en 1428 [1].

1460. — En 1460, sous la dynastie *Lé*, *Thanh-Tong-Tuan*, *Tuan-Hoa* (actuellement *Hué*) et *Quang-Nam* (les *Cham* où *Tsiampois*) venaient d'être conquis. Les *Tsiampois* étaient d'origine malaise et mahométans. C'est l'ancien peuple du *Lam–âp*. C'est surtout à partir de 1505 que s'accomplit la conquête du *Tsiampa*, tandis que la conquête du bas Cambodge ne commença qu'au dix-septième siècle.

1532. — *Maha Raxa Thirat* (*Chakrapat*), roi de Siam, prit *Loveck* en 1532 (ce doit être en 1540). C'était la nouvelle capitale élevée vis-à-vis d'*Enthipat*, sur la rive droite du bras d'*Oudong*, au sud-est de *Babaur*.

1540. — Les annales siamoises rapportent qu'en 1540, sous le règne de *Prea Chow Maha Chakrapat* qui résidait à *Ayuthia* [2], les Siamois étant en guerre avec les *Pégouans*, les

---

[1] Sous cette dynastie, dit le *Gia Dinh Thong Chi*, le Cambodge offrit simplement et sans interruption le tribut annuel.

[2] *Juthia* sur cartes françaises.

Cambodgiens attaquèrent les Siamois, dans la direction opposée, et leurs troupes s'avancèrent jusqu'à *Bangnha* et *Prakanang* sur la rivière *Chowpaya*, mais ne la remontèrent pas jusqu'à la capitale. Lorsque l'invasion des *Pégouans* eut été repoussée, le roi de Siam *Prea-Chow Maha Chakrapat* leva une armée pour sevenger de l'attaque des Cambodgiens contre ses possessions et marcha sur la capitale cambodgienne elle-même [1].

Le roi de Cambodge s'avoua vaincu et offrit de devenir tributaire du roi de Siam qui accepta la proposition et demanda deux des fils du roi de Cambodge comme otages. L'un des fils fut fait gouverneur de *Sawaukalok* (ou *Satchanalaï*) ; l'autre fut retenu dans la capitale pendant de longues années. A la mort du roi de Cambodge, le roi de Siam allait envoyer le gouverneur de *Sawaukalok* succéder au roi son père, lorsqu'un prince, parent du feu roi, ayant pris charge du gouvernement, fit résistance et demanda du secours à la Cochinchine pour s'opposer à l'autorité des Siamois. Le roi de Siam leva une armée et l'envoya placer sur le trône le fils du feu roi ; mais cette armée fut défaite par les Cochinchinois et les Cambodgiens (1556).

1553. — Les Portugais pénètrent au Cambodge et fondent à *Pnhéalu* une mission catholique. Ils avaient en arrivant demandé un coin de terre grand comme la peau d'un buffle, renouvelant ainsi la ruse des compagnons de Didon. C'est depuis lors que les Cambodgiens appellent les Européens : « *les gens du pays de la peau qui s'étire.* »

Les annales cambodgiennes avaient été relevées par les Portugais, mais furent brûlées par les Siamois qui avaient tout intérêt à cette destruction.

Les Cambodgiens se nommant *Campuchéa*, les Portugais en avaient fait *Cambodja* et les Français, plus tard, appelèrent « *Cambodge* » le pays *Khmer*.

Les Portugais ont laissé des traces dans le pays. Plusieurs catholiques se donnent comme leurs descendants et ont conservé le nom de leur père, comme *Kol de Monteiro*, interprète de

---

[1] *Lovek.*

S. M. le roi de Cambodge. Les métis de Portugais avec des femmes cambodgiennes n'ont pas le type laid des métis de Portugais avec des Chinoises.

1557. — Bientôt après, le Siam fut soumis par les *Pégouans* et le Cambodge resta quelque temps sous l'autorité des Cochinchinois.

1558. — Pendant que le Siam reprenait son indépendance et continuait la guerre avec le *Pégou*, les Cambodgiens dirigèrent une attaque dans l'est comme précédemment.

1570. — Les Portugais découvrent en 1570 les ruines d'Angcor (*Angcor vat*). Le roi de *Lovek* essaya d'assiéger *Ruthia*, mais il se contenta de tout piller et saccager et de faire des prisonniers tout le long de sa route. Ces attaques se renouvelèrent ainsi jusqu'en 1583.

1579. — *Préa Naret* avait succédé à son père sur le trône de Siam en 1579 ; il jura de se laver les pieds dans le sang de son ennemi le roi de Cambodge. Voulant se venger des incursions de ce dernier, *Préa Naret* rassembla ses forces et entra dans le Cambodge, assiégea *Lovek* pendant plusieurs mois. Les Cambodgiens se battirent en désespérés. Enfin *Lovek* fut prise d'assaut ; le roi de Cambodge chargé de chaînes fut amené aux pieds de son vainqueur qui lui annonça lui-même sa sentence. Le roi vaincu fut égorgé dans une tente voisine de celle du roi de Siam et son sang tout chaud fut apporté, dans un bassin d'or, devant *Préa Naret* qui s'y lava les pieds, au son des instruments de musique [1].

1583. — Le roi de Siam *Préa Naret* chargea alors l'un des princes qui était ami du Siam, de gouverner le Cambodge sous son autorité. Les gouverneurs du Cambodge ont été établis par le roi de Siam depuis cette époque, il y a plus de trois cents ans [2], et le Cambodge a été obligé de payer au Siam un tribut annuel. Parfois des troubles ont eu lieu relativement au changement de gouverneurs ; le peuple s'est révolté ; mais enfin le Cambodgiens ont été obligés de reconnaître leur vassalité vis-à-vis du Siam.

[1] Voir Pallegoix.

[2] *Phan Tang Giang*, le grand mandarin annamite, écrivait en 1859 que le Cambodge était tributaire de l'Annam depuis 400 ans.

1584. — A partir de 1584, les annales siamoises affectent de ne plus donner aux souverains du Cambodge le titre de rois et de les appeler vice-rois ou gouverneurs. C'est de cette époque que le Siam fait dater ses prétentions à la suzeraineté du Cambodge. Cependant, avant 1794, c'est-à-dire il y a soixante-treize ans, il ne possédait aucune portion de territoire dans le Cambodge.

1624. — En 1624, les Jésuites arrivent en Cochinchine. Ils étaient au Cambodge depuis un peu moins d'un siècle.

1643. — L'illustre *Van Diémen* avait déjà envoyé des Hollandais au Cambodge ; mais en 1643 l'ambassadeur de cette nation, *Règemortes*, fut assassiné avec sa suite, par ordre du roi, au moment où on l'introduisait à son audience. Les Hollandais des vaisseaux furent en partie massacrés [1].

Les Hollandais durent se venger les années suivantes, en poussant les Annamites à la guerre avec le Cambodge et à la conquête de ce pays.

Les annales siamoises ne relatent, à partir de la fin du seizième siècle, aucun fait qui puisse servir leur cause. Les Annamites avaient conquis le *Tsiampa*. Ils commencèrent leurs entreprises contre le Cambodge et les poursuivirent rapidement sans que, dans l'espace de cent années, les annales annamites fassent mention du Siam. Les annales siamoises gardent également ment le silence jusque-là. Les Siamois ne font rien pour empêcher cette invasion annamite, pour secourir et protéger leur prétendu vassal, pour maintenir leurs prétendus droits de suzeraineté, rien enfin pour garantir l'intégrité du territoire cambodgien. Ce n'est que bien plus tard que les Siamois interviennent pour prendre et confisquer à leur profit les belles provinces cambodgiennes à l'ouest du grand lac. Au contraire, nous avons vu dans les annales siamoises que, dès 1556, les Annamites viennent secourir les Cambodgiens contre les Siamois, qui sont battus.

Les annales annamites sont donc une meilleure autorité.

1658. — Le roi du Cambodge viole les frontières de l'An-

----

[1] Voir Pallegoix.

nam [1]; *Baria* est pris. Le roi de Cambodge vaincu et fait prisonnier devient de nouveau vassal de l'empire d'Annam.

1675. — Grâce à la guerre civile au Cambodge, les Annamites s'emparent des forts de *Saïgon*, de *Gobieh* et de *Nam-Vang (Phnom-penh)*. A la suite de cette guerre le premier roi de Cambodge, *Néac Thu*, résida à *Oudong*, le second roi à *Saïgon* [2].

1680. — Le roi d'Annam envoie plus de 3000 Chinois, qui lui demandaient des terres, s'établir dans le bas Cambodge. Les uns se fixèrent à *Bienhoa*, les autres à *Mitho* [3].

1685. — *Hien-Vuong* (mort en 1686) avait porté la guerre au Cambodge.

1689. — Le roi de Cambodge s'était fortifié à *Nam-Vang* et avait barré la rivière. Un des chefs chinois de *Mitho* s'étant révolté contre le général en chef de ces Chinois, les Annamites envahirent de nouveau le Cambodge, firent périr le rebelle chinois, et marchèrent ensuite contre le roi de Cambodge. Celui-ci leur ayant promis un tribut considérable, ils se retirèrent.

1691. — Le roi de Cambodge ayant refusé de payer le tribut promis, les Annamites battirent les Cambodgiens, et s'emparèrent de leur roi qui mourut peu après sans enfants.

1699. — Le deuxième roi mit lui-même fin à ses jours.

Baria, Bienhoa, Saïgon, Mitho et *Vinh-Long* restaient au pouvoir des Annamites. Les quatre premières de ces provinces furent organisées administrativement et colonisées au moyen des Chinois émigrés, de gens levés partout et de vagabonds surtout. Le territoire fut mis en culture [4].

---

[1] *Gia Dinh Thong Chi.*
[2] L'année 1675 répond à l'année de l'ère Cambodgienne 1594, d'après le *Gia Dinh Thong Chi.*
[3] Ceux de *Bienhoa* fondèrent plus tard la ville chinoise de *Cho l'on.*
[4] *Gia Dinh Thong Chi.*

III

1706. — Le prince cambodgien *Neac Ong Ièm*, à son retour de Saïgon (*Gia-dinh*), avait été élevé sur le trône du Cambodge, en 1691. Ses deux frères se révoltèrent contre lui et allèrent chercher des secours au Siam, pendant que le roi de Cambodge revenait en Cochinchine demander assistance au roi d'Annam *Hien-tong* [1]. L'armée annamite et cambodgienne défit les Siamois. Quoique les annales siamoises disent que le roi de Siam, *Chandua* [2], chassa, en 1706, les Annamites du Cambodge et rendit ce pays tributaire du Siam, le fait est que le roi *Ong-Ièm* continua à régner au Cambodge sous la protection annamite [3].

1710. — *Neac Ong Tham* était parvenu à régner au Cambodge ; mais le peuple ne voulut pour roi que son frère aîné *Neac Ong Ièm* qui aidé des Annamites monta sur le trône.

1715. — Un Chinois, *Mac-Cu'u*, s'empare de la province d'*Hatien* aux dépens du Cambodge et l'offre au roi d'Annam qui l'en nomme gouverneur.

1716-1717. — *Neac Ong Tham* aidé des Siamois reprend *Hatien* ; mais *Neac Ong Ièm*, aidé des Annamites, défait *Tham*, son frère rebelle, qui s'enfuit au Siam.

---

[1] *Hien Tong,* du *Gia Dinh Thong Chi, Minh-Vuong* des *notes historiques,* dont les dates sont conformes au *Gia Dinh Thong Chi.*
[2] *Chow Sua* qui régna de 1698 à 1708.
[3] *Gia Dinh Thong Chi,* page 189.

1719. — Les Siamois font une tentative pour replacer *Tham* sur le trône ; ils prennent *Hatien ;* mais une tempête fait périr une grande partie de leur flotte. *Néac Ong Jèm* ayant vaincu son frère rebelle, et envoyé le tribut au Siam, la tranquillité renaît au Cambodge.

1733. — Les Annamites établissent dans la province de *Vinh-Long* des divisions administratives et territoriales [1].

1740. — Le roi de Cambodge *Néac-Phôn* essaie de reprendre *Hatien ;* mais, après une lutte longue et acharnée, les Cambodgiens durent se retirer.

1754. — Le roi d'Annam nomme un vice-roi pour la Basse Cochinchine (du *Binh-Thuan* à *Vinh-Long*) ; celui-ci réside à Saïgon (en cambodgien *Prey-Nôkor* et en annamite *Ben-nghê*). *Hatien* était gouvernée au nom du roi d'Annam, par le fils du chinois *Mac-Cu'u*.

1755. — Les Annamites recommencèrent les hostilités. Les Cambodgiens qui restaient dans les parages du *Soirap*, de *Gocong*, jusqu'à *Nam Vang*, se soumirent tous.

1756. — Le gros de l'armée annamite était au fort de *Mitho ;* elle avait pour auxiliaires 10,000 *Moï* venus des montagnes du *Binh-Thuan*, pour se fixer au *Go-Vap*. Mais à la suite d'un engagement avec les Cambodgiens, 5,000 *Moï* périrent et les autres allèrent se fixer près de la montagne de *Tay-Ninh*. *Nam Vang* (*Phnom Penh*) fut occupée par les Annamites, et le roi de Cambodge *Neac Ong Nguyen* se sauva à *Hatien*.

1757-1759. — Le roi de Cambodge paya les trois années arriérées du tribut, et céda une nouvelle portion de territoire ; à ce prix les Annamites le laissèrent en paix.

Le roi de Cambodge *Neac Ong Nguyen* mourut en 1757 ; son oncle devint régent. Le gouverneur général de *Già-dinh* (province de Saïgon) demanda au roi d'Annam l'investiture pour le régent, mais celui-ci est assassiné par son gendre *Néac Hinh*. *Néac-Tôn*, neveu [2] du régent, s'enfuit à *Hatien* pour y dénoncer le meurtrier.

---

[1] (*Phus et Huyens.*)

[2] Les annales Siamoises disent que c'était son fils.

1758. — Les Annamites établissent *Néac-Tôn* roi du Cambodge. Ils construisent des forts à *Sadec, Culao-Gien* [1] et *Chaudoc;* tout le littoral maritime jusqu'à la frontière siamoise devient alors annamite, le port de *Campot* ayant été cédé par le roi de Cambodge au gouverneur d'*Hatien* qui le céda au roi d'Annam. *Neac Ong Tôn* régna donc sous le titre de *Somdetch Prea Utei Racha ;* mais les autres membres de la famille royale (disent les annales siamoises) ne voulant pas y consentir, la guerre civile en fut la conséquence. *Néac ong Tòn* fit périr un grand nombre de personnes de la famille régnante. Les princes furent incapables de le renverser et beaucoup d'entre eux allèrent chercher protection au Siam. Parmi eux était *Néac Ong Non* [2] qui avait le titre de *Somdetch* [3] *Prea Ram* et était parent éloigné de *Nac Ong Tòn.* Ce dernier hésitait à garder le gouvernement du Cambodge de peur que les princes et les nobles qui avaient fui au Siam n'en obtinssent du secours et ne revinssent s'emparer du gouvernement. En conséquence, il envoya une ambassade chercher protection en Cochinchine et une autre ambassade au roi de Siam pour lui demander le sceau et l'investiture commo vice-roi du Cambodge. Le roi de Siam et ses nobles voyant que *Nac Ong Tôn* était l'aîné des fils du dernier vice-roi, qu'il était en faveur auprès d'une grande partie du peuple et qu'il avait déjà la charge du gouvernement, lui envoya une commission comme vice-roi, sous le titre de *Somdetch Prea Narai Rama Tibodi*, et le Cambodge fut soumis et paya tribut au Siam [4].

Le roi de Siam *Somdetch Prea Soromanat* étant mort, son fils lüi succéda sur le trône et abdiqua en faveur de son frère aîné, *Prea Soorya.*

1767. — Les Siamois font une tentative contre la province de *Hatien,* gouvernée par *Mac Ton,* fils du Chinois *Mac Cu'u ;*

---

[1] *Culao* veut dire île.

[2] Appelé encore *Nac Ong Van,* par les Annamites, qui le disent père de *Nac Ong Tôn,* ce qui est bien plus probable.

[3] Somdetch Préa veut dire : roi Auguste.

[4] Nous avons vu que ce prince avait été élu par les Annamites en 1758.

mais cette entreprise échoua par suite de la guerre de Siam avec les Birmans, qui emmenèrent le roi de Siam prisonnier au *Laos* et prirent la capitale siamoise ; le troisième fils du roi de Siam s'enfuit au Cambodge.

En ces circonstances, quelques-uns des princes et des nobles cambodgiens qui étaient dans la capitale périrent. *Neac Ong Non* s'échappa. Des nobles et des princes se réfugièrent auprès de *Neac Ong Tôn*, roi de Cambodge.

Un Chinois, né au Siam, *Ti Tak-Sin,* gouverneur d'une province, à l'époque de la destruction d'*Ayuthia,* la capitale, s'enfuit à *Chantabun,* rassembla une armée, attaqua et mit en fuite un prince cambodgien, *Neac Prea Sotat,* parent du roi de Cambodge et gouverneur de *Campot.* Ce prince cambodgien était entré avec une armée dans la province siamoise de *Krat,* dont il avait emmené les habitants en esclavage. De *Chantabun* le Chinois *Pra-Tak-Sin* vint à *Bangkok* et établit sa capitale à *Tonburi,* sur le bord du fleuve, vis-à-vis le palais royal actuel. Il devint roi de Siam en 1769 [1].

1769. — A cette époque, le prince cambodgien *Neac Ong Non,* qui s'était caché lors du renversement d'*Ayuthia,* rassembla ses partisans, rejoignit *Pra-Tak* et écrivit au vice-roi de Cambodge pour l'informer que le royaume de Siam avait été rétabli et lui enjoignit de payer le tribut habituel. *Neac Ong Tôn* refusa, disant que l'usurpateur n'était pas de la famille royale du Siam. Celui-ci irrité envoya contre le Cambodge des troupes de terre et de mer.

Les troupes de terre, disent les annales annamites, n'ayant pu vaincre les Cambodgiens, se contentèrent de faire des prisonniers sur leur route [2].

1772. — Les troupes de mer prirent *Campot* et *Kankao* [3]. Le roi de Siam ayant réuni les troupes de terre aux troupes de mer prit aussi *Chaudoc.* Il fut ensuite obligé de rétrograder sur *Hatien*; mais bientôt il marcha contre la capitale. *Neac Ong Tôn,*

---

[1] 1131 de l'ère civile Siamoise.

[2] En 1771 vaine tentative de trois rebelles : un Cambodgien, un Malais, un Annamite, contre *Hatien.*

[3] Ou *Hatien,* en siamois *Phutai Mat,* en cambodgien *Bantéay Kmer.*

vice-roi de Cambodge, disent les annales du Siam, s'enfuit avec sa famille en Cochinchine et demanda le secours des Cochinchinois pour garder sa capitale. Les troupes de terre réussirent à s'emparer du pays jusqu'à *Prataboug* et *Nakon Siamrap*. Quand les armées des Siamois et des Cochinchinois eurent combattu jusqu'à la fin de la saison, sans obtenir de grands avantages, ni d'un côté ni de l'autre, ils retirèrent leurs troupes.

1773-1774. — Les annales annamites nous disent au contraire qu'après avoir placé *Neac Ong Non* sur le trône du Cambodge, les Siamois sont battus à *Nam Vang* par les Annamites qui replacent sur le trône *Neac Ong Tôn*, auquel la cour d'Annam avait donné l'investiture, quinze ans auparavant. Le roi de Siam *Phya Tan* s'enfuit à *Hatien* et *Neac Ong Non* à *Campot*. Le roi de Siam fait des propositions de paix aux Annamites qui les refusent. Mais le roi de Siam, s'étant emparé d'un fils du roi lépreux, prince légitime qui s'était réfugié à *Hatien*, lors de l'invasion des Birmans au Siam, l'emmena à *Bangkok* et le mit à mort. Il avait également en son pouvoir les enfants de *Mac Ton*, gouverneur de *Hatien*. Aussi celui-ci fait en 1774 des propositions de paix au Siam qui les accepte et *Hatien* est rendu aux Annamites.

1775-1777. — Le roi de Siam nomma *Neac Ong Non* gouverneur de *Campot* et un Chinois, gouverneur de *Kankao* (*Hatien*). Le commandant des troupes siamoises, de terre, resta à *Pratabong* [1] et harcela ensuite les Cambodgiens. En même temps la guerre éclata entre *Hué* et le *Tong-King* [2]. Le vice-roi de Cambodge pensa que les Cochinchinois étant en guerre ne pourraient lui donner aucune assistance contre les Siamois. Il envoya donc *Prea Ong Keo,* un de ses proches parents, au général des troupes siamoises à *Pratabong* offrant de payer le tribut comme auparavant. Le général commandant l'armée envoya

---

[1] Les Cambodgiens entendent par *Pratabong* le territoire de la province de *Vinh-Long*, compris entre le *Song Co-Khien* ou bras de *Vinh-Long* et le *Hau-Giang*, fleuve postérieur ou rivière de *Chaudoc*. Par Pratabong ou Matabong, c'est la province de *Battanbong* que l'on désigne. Elle est au nord-ouest du grand lac.

[2] Révolte des *Tayson*.

l'ambassadeur à la capitale. Le roi de Siam consentit, mais voulut que *Prea Ong Keo* restât au Siam comme otage. Le roi de Cambodge y consentit et envoya la famille de *Prea Ong Keo*. Mais *Neac Ong Non*, gouverneur de *Campot*, refusa de se soumettre au vice-roi de Cambodge et exposa directement le fait au Siam. Là-dessus, le roi de Cambodge considérant qu'une grande distance séparait ces deux provinces, que des différends pourraient surgir entre lui et le gouverneur de *Campot*, que celui-ci étant en intimité avec le roi de Siam aurait l'avantage sur lui et serait seul écouté de lui, consulta les nobles cambodgiens et consentit à remettre le gouvernement du Cambodge à *Neac Ong Non*, gouverneur de *Campot*, et à devenir lui-même le second chef de l'État. Il soumit l'affaire au roi de Siam qui en fut très-satisfait et qui fit *Neac Ong Non* vice-roi de Cambodge. Trois ans après *Neac Ong Ton*, le second chef de l'État, mourut de chagrin d'avoir vu *Neac Ong Non* mettre à mort son troisième frère *Tham*. *Neac Ong Non* devint seul souverain sous l'autorité du roi de Siam. La seule province cambodgienne soumise directement au Siam était *Kankao* (*Hatien*). *Neac Ong Non* est aussi appelé par les Annamites *Neac Ong Van*. On a vu qu'il avait reçu la couronne de son frère aîné qui avait abdiqué en sa faveur (1776). Hatien avait été rendu aux Annamites à la paix de 1774.

Neac Ong Non devint oppresseur et le peuple eut à souffrir de plusieurs façons. A cette époque, le gouverneur de *Saïgon*, en raison de l'amitié qui avait existé avec le Cambodge lorsque *Neac Ong Ton* était au pouvoir, demanda une armée cambodgienne pour l'aider dans la guerre qui sévissait en Cochinchine. *Neac Ong Non* refusa disant que le Cambodge n'était pas tributaire de la Cochinchine comme autrefois; de là un motif d'offense pour la Cochinchine.

1773. — Cette guerre était la révolte des *Tayson* ou montagnards de l'ouest. Elle éclata en Cochinchine en 1773 et avait pour causes les exactions du régent et des mandarins et l'invasion tonquinoise en Cochinchine.

1774. — En 1774 le roi d'Annam *Huê Vuong* se réfugie

avec toute sa famille en *Gia-Dinh* (Saïgon). Là il abdique en faveur de l'aîné de ses neveux nommé *Tan Chanh*.

1778. — En 1778 le gouverneur général de *Gia-Dinh, Mac Ton,* se sauve au Siam après la prise de *Gin-Dinh* par les rebelles.

1779. — En 1779 le roi d'Annam *Tan Chanh* et la famille royale s'enfuient à *Mitho*. En 1780, *Tan Chanh* remet le gouvernement à son frère *Thang-Chung* (ou *Nguyen-Anh* ou *Gia-Long*).

1781. — En 1781 *Thang-Chung* (*Gia-Long*) envoie au Siam conclure un traité de paix et d'amitié. Mais un navire marchand appartenant au roi de Siam ayant été pillé sur la côte d'*Hatien*, le roi de Siam *Phya Tan* fait arrêter les ambassadeurs. Un mandarin cambodgien accuse le gouverneur de *Gia-Dinh, Mac Ton,* et un parent du roi d'Annam de comploter la prise de *Bangkok ;* ceux-ci sont mis à la question et exécutés par ordre du roi de Siam. Celui-ci avait envoyé une armée de 10,000 combattants et 10,000 auxiliaires envahir le Cambodge pour s'en emparer ; mais sur ces entrefaites le roi de Siam eut l'esprit dérangé et fut incapable de diriger convenablement les affaires du gouvernement. En apprenant cela les chefs et les gens du peuple du Cambodge, c'est-à-dire le chef *Mô* et ses frères, qui étaient opposés à *Neac Ong Non,* allèrent comploter avec le gouverneur cochinchinois de Saïgon, vinrent combattre le vice-roi *Neac Ong Non,* le firent prisonnier et le tuèrent ainsi que ses quatre fils, par ordre du général annamite, disent les annales. On ne laissa au Cambodge de la famille qui occupait le pouvoir que cinq princesses dont deux étaient les sœurs plus jeunes et trois [1], les filles du précédent vice-roi *Neac Ong Ton,* celui qui était descendu au rang de second chef de l'État, et un prince *Neac Ong Eng* [2] âgé de sept ans, fils de *Prea Ong Ton,* le précédent vice-roi du Cambodge.

---

[1] De ces trois filles l'une *Mi Néang Theo* épousa un roi de Siam. L'autre *Mi Néang Pou* est, paraît-il la mère du révolté cambodgien *Pou Cambo ;* il serait, par sa mère, cousin issu de germain du roi actuel. Mais son père n'étant pas de sang royal, ses titres ne sont pas admis au Cambodge.

[2] Les Siamois affectent d'appeler vice-roi le roi du Cambodge. *Neac Ong Eng* est appelé aussi *Neac Ong In.*

Les chefs cambodgiens qui s'étaient révoltés contre *Neac Ong Non* mirent *Prea* [1] *Ong Eng* au pouvoir(1780) sous la régence de *Mô*. Lorsque le roi de Siam apprit que *Neac Ong In* était élu roi de Cambodge, il en fut très-mécontent et expédia une armée sous le commandement de *Chow Phya* [2] *Maha Krasat Suk* pour réduire le Cambodge. L'armée s'avança jusqu'à *Pratabong*.

Le roi *Neac Ong In* demanda alors du secours au roi d'Annam, *Gia-Long*, qui envoya un général annamite (1782-1783). Le général siamois était *Chat Tri*. Il fait la paix avec le général annamite et les frontières du Siam et du Cambodge sont délimitées [3].

Le roi de Siam perdant de plus en plus ses facultés et opprimant le peuple de diverses manières, *Pya San* avec un certain nombre de partisans se révolta, s'empara du roi, d'un certain nombre de ses nobles, et occupa le palais. Les nobles et le peuple ne laissèrent pas *Pya San* prendre le gouvernement du pays et envoyèrent au *Chau Phya Maha Krasat Suk* (général commandant l'armée qui était au Cambodge), l'invitation de revenir prendre le gouvernement du pays. Il fut couronné roi de Siam en 1782, sous le titre de *Prea Budh Yot Fa Chulalonky*. C'est le premier de la dynastie actuelle. Il établit son palais et sa capitale sur la rive orientale du fleuve vis-à-vis *Tonburi* et l'appela *Prea Maha Nakon Yuthaya*.

Les nobles cambodgiens qui avaient établi *Neac Prea Ong Eng* (*Ong In*) souverain du Cambodge, craignant le pouvoir du roi de Siam, lui envoyèrent le tribut et demandèrent à être placés de nouveau sous sa protection. Le *Phya Yomarat* (ministre de la justice) du Cambodge, nommé *Tao Chu Ben*, avait autrefois suivi *Neac Ong Non;* il se trouvait à *Tonburi* quand *Pya Tak* en avait fait sa capitale. Le roi de Siam l'envoya au Cambodge pour prêter son concours au gouvernement du pays. Le *Yomarat* ne fut pas longtemps sans se quereller avec les

---

[1] *Prea* signifie Auguste ou Majesté.
[2] *Chow Phya Maha* est un titre élevé, au Siam.
[3] L'Annam restait en possession de ses conquêtes et du côté du Siam l'intégrité du territoire cambodgien était maintenue. Ce n'est que plus tard que les Siamois ayant de nouveau mis le pied dans le Cambodge s'emparèrent des provinces qu'ils ont gardées jusqu'à nous.

nobles de rang plus élevé. Il mit trois d'entre eux à mort, « le régent *Mô* et ses frères, » et dirigea les affaires du gouvernement comme il lui plut. Les habitants malais du Cambodge excitèrent dans le pays des troubles que *Phya Yomarat* et les autres nobles cambodgiens furent incapables d'étouffer. Le vice-roi *Neac Prea Ong Eng* avec cinq princesses cambodgiennes alla chercher protection au Siam. Les Cochinchinois de Saïgon, qui étaient à proximité, apprenant que le vice-roi de Cambodge et ses nobles avaient fui, levèrent une armée, soumirent les sujets malais et occupèrent le pays [1]. Les Siamois étant en guerre avec les Birmans ne firent pas avancer d'armée contre les Malais, et ne firent rien pour reprendre le pays aux Cochinchinois.

Peu de temps après, *Hué*, capitale de la Cochinchine, fut prise par les Tongquinois [2] et *Chien-Su* [3], fils du roi de Cochinchine et l'ancêtre du roi actuel de ce pays, fut obligé de fuir et de chercher protection au Siam. Les Cochinchinois, qui avaient pris possession du Cambodge, se retirèrent de leur propre mouvement.

1783. — Le roi *Gia-Long* (*Chien-Su*) s'enfuit à *Phu Quoc*, (île en face d'*Hatien*), d'où il envoya au roi de Siam une ambassade et des présents : un sabre d'or, un drapeau rouge et un lingot d'or.

1784. — Au douzième mois, le roi de Siam invite le roi d'Annam (*Gia-Long*) [4], à venir auprès de lui. *Gia-Long* s'y rend en 1785. Il est très-bien reçu par le roi *Chat Tri* [5]. Il signe avec lui un traité d'alliance et en reçoit des secours [6]. Le roi de Siam donna au roi d'Annam (*Gia-Long*) 20,000 hommes montés sur trois cents jonques. (Les notes historiques disent 3000 hommes

---

[1] Il paraît que ce fut un mandarin Cambodgien qui attaqua et mit en déroute le chef des Malais rebelles.

[2] *Hué* avait été prise par les *Tayson* en 1775, dix ans auparavant.

[3] *Chien-Su* n'est autre que *Gia-Long*.

[4] Sa mère et les princes étaient à *Phu Quôc* ou *Cà Trol*, île en face de *Compot*.

[5] Appelé *Nhi Phat* par les Annamites et *Yot Fa Chulalonky* parles Siamois.

[6] On s'étonne de voir l'auteur du *Gia Ding Thong Chi* apprécier ainsi les services rendus par les Siamois à *Gia-Long* et méconnaître entièrement ceux des officiers français à l'égard de ce prince. On va voir pourtant que le roi de Siam essaya de faire périr *Gia-Long* avec toute sa famillle.

seulement.) Avec cette armée composée de Cambodgiens recru-
tés à *Nam Vang* et *Sadec*, *Gia-Long* obtint d'abord de grands
succès ; mais l'armée siamoise ayant exercé des brigandages et
s'étant témérairement avancée dans le pays fut défaite par les
rebelles *Tayson* [1]. Il ne resta que deux ou trois mille hommes
qui traversèrent le Cambodge pour retourner au Siam.

1787. — Le roi de Siam envoya chercher le roi d'Annam
à *Con Non* [2], pour lui reprocher ces revers ; mais *Gia-Long*
menaça de se tuer avec les princes de sa famille. Il passa au
Siam les années suivantes, prenant part aux guerres des Siamois
contre les Malais, les Pégouans et les pirates.

1788. — Les annales siamoises disent que *Gia-Long* quitta
le Siam en 1778 [3] pour reconquérir son royaume ; elles n'entrent
dans aucun détail à ce sujet.

A l'arrivée des secours amenés de France à *Gia-Long* par
l'évêque d'Adran, un capitaine français alla chercher ce dernier
au Siam. Ayant reproché au roi de Siam son inaction, celui-ci
essaya de faire périr par le feu le roi d'Annam et les princes ; mais
Gia-Long échappa et gagna la province de *Vinh-Long*. En 1789,
il avait repris *Gia-Dinh* [4], grâce au concours que lui avaient
prêté les officiers Français.

1789-1790. — Les chefs et le peuple du Cambodge
avaient informé le roi de Siam que les troupes annamites
s'étaient retirées du Cambodge ; ils demandèrent que *Prea-Ong
Eng* et *Pya Yomarat* revinssent prendre le gouvernement du
Cambodge. Le roi de Siam pensa que *Neac Prea Ong Eng*
était encore très-jeune, qu'il serait incapable de se protéger lui-
même, qu'étant le seul prince cambodgien survivant, sa vie
était précieuse comme un diamant rare et de grand prix, que
des troubles pourraient éclater comme auparavant et qu'il pour-
rait lui arriver malheur. Le roi prit donc le parti d'envoyer *Pya
Yomarat Cha Ben* gouverner le pays dans l'intérim disant que

---

[1] La révolte des Tayson.
[2] Poulo-Condor.
[3] C'est 1788 qu'il faut lire.
[4] Province de Saïgon qui fut complétement pacifiée en 1790.

lorsque *Neac Ong Eng* aurait atteint l'âge convenable, il l'enverrait comme vice-roi de Cambodge. *Pya Yomarat Cha Ben* gouverna le pays pendant douze ans. Pendant ce temps *Neac Prea Ong Eng* resta dans la capitale du Siam et quatre fils lui naquirent: *Neac Ong Chan, Neac Ong Pim, Neac Ong Sagunan*[1] et *Neac Ong In.*

Les annales annamites disent au contraire que le roi de Siam renvoya *Neac Ong Eng*, en 1785, au Cambodge où il régna jusqu'en 1796, époque de sa mort.

1794. — En l'an 1794 *Neac Prea Ong Eng* ayant atteint l'âge de vingt-deux ans, S. M. siamoise *Prea Pudh Yot Chulalonky* le fit gouverneur[2] ou vice-roi du Cambodge avec le titre de *Somdetch Prea Narai Rama Tibodi Chou Krung Kampucha* et confia les intérêts du Cambodge au *Chow Fa Talaha*[3] nommé *Tao Chu Bok* qui avait été le gardien de *Neac Prea Ong Eng* depuis son enfance.

Le roi de Siam mit entre ses mains un plein pouvoir et le chargea de maintenir les intérêts de *Neac Prea Ong Eng* qui avait été fait vice-roi. *Chow Pya Yomarat Ben* avait gouverné le Cambodge pendant douze ans d'une manière digne d'éloges; mais comme il était du parti de *Neac Ong Non,* le précédent roi, le roi de Siam craignit qu'il ne s'entendît pas avec le nouveau roi et son ministre *Chow Fa Talaha* ; S. M. siamoise demanda donc les provinces de *Pratabong*[4] et leurs dépendances et la province de *Nakon Siamrap,* qui sont près des frontières siamoises, pour en faire des provinces du Siam proprement dit, afin de créer *Pya Yomarat Ben,* gouverneur sous l'autorité du Siam, sans être sujet au contrôle du roi de Cambodge. On agissait ainsi afin de ne pas causer de peine à *Pya Yomarat Ben,* en lui retirant le gouvernement du Cambodge où il n'avait commis aucune offense. Sa Hautesse *Neac Prea Ong Eng* et son ministre *Chow Fa Talaha* obtempérèrent « avec plaisir » à cette requête. Depuis lors ces

---

[2] En Cambodgien *Snhuon.*
[3] Nous avons vu que *Prea Ong Eng,* ou *Ong In,* avait été élu par les Cambodgiens dès 1780 sous la régence de *Mó.*
[1] *Chow Fa Falaha* et *Pra Yomarat* sont des titres de ministres.
[2] *Battambong, chow* ou *chàu.*

provinces ont fait partie du Siam proprement dit et n'ont eu aucun rapport avec le Cambodge !

Ces provinces ne furent directement gouvernées par le Siam qu'après le rétablissement de *Ong Chan* sur le trône, en 1813. Les Annamites tenaient garnison à *Nam Vang* et les Siamois occupaient et gardaient *Battambong* pour prix de leur médiation dans les affaires du Cambodge. Les Cambodgiens furent impuissants à reprendre ces provinces aux Siamois qui les avaient dupés, et qui le furent eux-mêmes par les Annamites lorsque ceux-ci reconstituèrent *Hatien*.

Pendant que *Gia-Long* continuait la guerre en Cochinchine, *Pya Racha Setit*, gouverneur de *Kankao* (*Hatien* [1]), mourut.

Avant que la nouvelle de sa mort parvînt à la capitale du Siam, le prince *Chien Su* (*Gia-Long*), qui était à proximité, en ayant été informé, plaça un gouverneur cochinchinois à *Hatien*. Il envoya ensuite à la capitale du Siam la nouvelle de la mort du gouverneur siamois et informa le roi de Siam que beaucoup d'habitants étant Cochinchinois et sans protection, il avait établi un Cochinchinois, d'un rang convenable, gouverneur pour protéger le peuple et garder efficacement le pays ; qu'il croyait que le roi de Siam approuverait ces dispositions ; que s'il avait mal agi en cela, il priait le roi de Siam de lui pardonner ; qu'étant à proximité de *Kankao* (*Hatien*) il avait désiré rendre service à Sa Majesté le roi de Siam, en assurant le bien du pays.

Le roi de Siam *Prea Yot Fa Chulalonky* vit que le prince *Chien Su* (*Gia-Long*) voulait demander la province de *Kankao*. Dans le cas où Sa Majesté ne consentirait pas à la lui accorder et voudrait vider la question par la force, le prince *Chien Su* avait peu de pouvoir. Il n'était pas certain qu'il pût reprendre toute la Cochinchine. De plus il était à cette époque accoutumé à envoyer le tribut. Le roi de Siam usa donc de compassion à son égard, ne lui fit pas réponse, et depuis ce temps *Kankao* a fait partie de la Cochinchine !

1796. —*Somdetch Prea Narai* (*Neac Prea Ong Eng*) gouverna

---

[1] *Hatien* avait été donné au roi d'Annam en 1715.

le Cambodge [1] pendant trois ans jusqu'en 1796 et eut encore un fils, *Neac Ong Duong* [2]. Sa Hautesse mourut à la fin de cette année. Ses cinq fils étaient tous encore jeunes. L'aîné *Neac Ong Chan* n'avait que six ans. Sa Majesté le roi de Siam ordonna que *Chow Fa Talaha,* ministre du vice-roi défunt, gouvernerait le Cambodge et serait le gardien des cinq fils du prince ; que si dans la suite l'un de ces enfants parvenait à un âge convenable et montrait des capacités suffisantes, le roi le choisirait pour l'établir vice-roi de Cambodge. *Somdetch Chow Fa Talaha* gouverna le Cambodge pendant dix ans. Pendant ce temps l'un des fils du vice-roi défunt mourut. Il en restait quatre.

1799-1802-1803. — En 1799 *Gia-Long* reprit *Hué,* sa capitale, et en 1802 il était maître du Tong King. Le *Gia dinh Thong Chi* nous apprend que *Neac Ong Chan* régnait au Cambodge depuis 1796 et qu'en 1802 il envoya des ambassadeurs à *Hué* pour demander l'investiture. Un édit du deuxième mois de la même année la lui accorda. Gia-Long lui envoya deux ambassadeurs annamites pour lui remettre le diplôme royal et ses cachets et pour régler le tribut qu'il aurait à payer tous les quatre ans. Ce tribut était présenté à Saïgon et porté à Hué.

1803. — En 1803 *Gia-Long* reconstitue la province d'*Hatien* et envoie au Siam un ambassadeur avec des présents pour resserrer ses liens d'amitié avec ce pays.

1806. — En 1806 [3], *Somdetch Chow Fa Talaha* voyant qu'il devenait vieux, que *Neac Pra Ong Chan* avait seize ans, que *Neac Prea Ong Sagunan* [4] et *Neac Prea Ong* avaient treize ans et pensant qu'ils étaient arrivés à un âge convenable, les amena présenter leurs hommages au roi de Siam. A son arrivée à la capitale *Chow Fa Talaha* tomba malade et mourut. Sa Majesté le roi de Siam assista aux obsèques de Son Excellence. Il établit *Neac Ong Chan* vice-roi de Cambodge [5] et nomma le *Pya Chakri* et le *Pya Kralahom* [6] ministres pour l'aider dans le gouvernement.

[1] Elu en 1780 par les Cambodgiens.
[2] Père du roi régnant actuellement au Cambodge.
[3] 1168 de l'ère civile Siamoise de *Préa Ruang.*
[4] Appelé par les Cambodgiens, *Neac Ong Snhuon,* par les Annamites, *Neac Ong Nguyen..*
[5] Il l'était depuis 1796.
[6] Titres de dignités.

A cette époque, le roi d'Annam *Gia Long* manifesta des tendances à envahir la frontière cambodgienne.

A l'époque où *Neac Ong Chan* devint roi de Cambodge, le roi de Cochinchine, voyant qu'il était jeune, envoya des gens franchir la frontière Cambodgienne pour effrayer et opprimer le peuple de ce pays. Ces faits furent connus du roi de Siam ; mais il crut la chose trop peu importante pour causer une rupture entre lui et le roi de Cochinchine. Le roi de Cambodge souvent sollicité et voyant que la Cochinchine était plus près du Cambodge que le Siam résolut de faire sa soumission à la Cochinchine ainsi qu'avait fait son grand-père *Neac Prea Ong Ton*, précédent roi de Cambodge. Il envoya donc des ambassadeurs avec des présents au roi de Cochinchine, lui offrant d'envoyer un tribut tous les trois ans. Le roi de Cochinchine reçut le tribut et donna au roi de Cambodge un sceau qu'il devait employer comme sceau du gouvernement ; il se composait de lettres ou caractères cochinchinois [1]. — Celui que le roi de Siam avait donné [2] au roi de Cambodge était la flèche d'une pagode ; il ne peut être employé que par le roi seul ; lorsqu'il n'y a pas de roi il est renvoyé et gardé à la capitale du Siam.

1808-1809. — En 1808-1809, le roi de Siam demanda au Cambodge 10,000 hommes pour le secourir contre les Birmans. *Neac Ong Chan* ne consentit pas à les fournir. Le commissaire siamois essaya alors de faire révolter le pays. Le roi faillit être mis à mort. Les Annamites lui envoyèrent des secours. Une armée siamoise vint occuper *Battambong*, mais il n'y eut pas d'engagement entre les troupes siamoises et annamites. Le roi de Cambodge envoya ses deux frères, *Neac Ong Snhuon* et *Neac Ong In*, au Siam, porter le tribut et boire l'eau de soumission. En 1810, le roi de Siam les renvoya au Cambodge en les nommant deuxième et troisième rois ; mais le roi de Cambodge refusa de diviser son territoire pour ces deux princes. Il consulta

---

[1] On a vu que cela se passait en 1802, quatre ans avant que le Siam eût de son côté reconnu le roi *Ong Chan*.

[2] En 1806. Ce sceau se voit sur le revers des monnaies cambodgiennes représentant une pagode à trois tours : le *Préa Sat*.

les nobles cambodgiens sur l'opportunité de demander au roi
de Siam d'être dispensé du tribut annuel et de ne payer le tribut qu'une fois tous les trois ans, comme c'était la coutume à
l'égard de la Cochinchine. Les trois frères du roi, les deux
conseillers délégués par le Siam et beaucoup de nobles cambodgiens s'opposèrent à ce projet sous prétexte que c'était manquer
de respect au roi de Siam et contraire à la coutume. Le gouverneur de *Compong-Soaï*, qui était du parti siamois, s'enfuit à
Siam et céda à ce pays, de sa propre autorité, les provinces de
Tonlé, *Répou* et *Mélu Rey* situées au nord du Cambodge dans
le bassin moyen du Mêkong. « Cette usurpation, dit M. Aymonier, n'a été jusqu'à ce jour ratifiée par aucun traité de la part
du Cambodge. » Peu après le roi de Cambodge fait inviter le
Chakri et le *Kralahom*[1] à une fête dans son jardin. Là il les fait
arrêter et exécuter sans formuler aucune accusation contre eux.
Là-dessus *Neac Ong Sagunan*[2] pressentant la colère du roi, son
frère, s'enfuit de *Bantéay Pet* à la ville de *Bodhisatt*[3] avec l'intention de venir se mettre sous la protection du roi de Siam. Le
roi de Cambodge envoya des chefs cambodgiens engager son
frère à revenir ; celui-ci refusa et demanda trois districts. Le
roi les lui refusa et s'enfuit avec sa famille à *Saïgon*. Ses deux
autres frères l'engageaient à rester à *Bateay-Pet*[4], mais il refusa.
Ceux-ci conduisirent donc leurs familles à *Bodhisat* et furent
envoyés par leur frère, *Sagunan*, exposer les faits au roi de
Siam qui expédia à *Battambong* une armée et un général pour
arranger les affaires du Cambodge. Les Annamites avaient de
leur côté envoyé 5,000 hommes à *Labit*. L'armée siamoise occupait *Oudong* et les Annamites *Chaudoc*, lorsqu'on se décida à
vider le différend diplomatiquement. Des officiers cochinchinois
allèrent trouver *Chaw Pyat Yomarat*, commandant en chef siamois. Ils lui dirent que *Neac Ong Chan*, roi de Cambodge, ne
s'était pas révolté contre le roi de Siam et s'était seulement

---

[1] Les deux délégués siamois.
[2] Ou *Snhuon* ou *Nguyen* ; le roi de Siam lui avait donné le titre de
Prea Maha Upayorat et à *Ong In* le titre de *Prea Maha Uparat*.
[3] *Potisat*.
[4] *Inthapat* ou citadelle de *Pét*, ancienne capitale du Cambodge

querellé avec ses jeunes frères qui avaient fui à la capitale du Siam. Craignant qu'ils ne dirigeassent des accusations contre lui et qu'ils ne ramenassent une armée, le roi était allé demander protection à la Cochinchine. Ils désiraient donc que le commandant en chef de l'armée siamoise conduisît les trois frères à la ville de *Banteay-Pet*[5].Les officiers cochinchinois conduiraient *Neac Ong Chan* au même endroit et là ils arrangeraient les affaires, réconcilieraient les frères et remettraient le Cambodge entre les mains du roi *Ong Chan*. Le commandant en chef siamois fit parvenir ces faits à la connaissance du roi de Siam qui envoya une ambassade avec une lettre royale au roi de Cochinchine pour s'assurer de la vérité des assertions des officiers cochinchinois. Le roi de Cochinchine les reconnut exactes. Il promit de renvoyer *Neac Ong Chan* à *Banteay-Pet* et d'assurer l'envoi du tribut annuel au Siam comme antérieurement. Il promit aussi que les frontières entre la Cochinchine et le Cambodge resteraient ce qu'elles étaient auparavant et qu'il ne serait fait aucun empiètement sur les frontières siamoises [1].

Après la réception de la lettre du roi de Cochinchine, le roi de Siam, s'étant assuré qu'une partie considérable des Cambodgiens respectaient encore l'autorité de *Neac Ong Chan*, consentit à ce que celui-ci fût ramené par les Cochinchinois et reprît le gouvernement du Cambodge. Le roi de Cambodge fut ramené par le grand eunuque *Lê Van Duyet* et reçut du roi d'Annam du riz, de l'argent et des présents. Les trois frères du roi furent emmenés au Siam avec leur famille, par le général siamois ; *Neac Ong Chan* [2] établit sa capitale à *Phnôm Penh*, qui était plus près de la Cochinchine et où restait une garnison annamite de 1500 hommes. Il saluait aux jours prescrits la tablette du roi d'Annam, comme marque de vassalité, et envoya des nobles cambodgiens porter le tribut annuel, au Siam, jusqu'en 1824 [3].

[1] *Ibid.*

[2] C'est-à-dire que le Siam s'annexa définitivement les provinces à l'ouest du grand lac, comme le royaume d'Annam s'était annexé les provinces de basse Cochinchine.

[3] Ou *Somdetch Prea Utei Raïadhirai.*

[4] *Neac Ong Chan* avait épousé *Tiptidu*, sœur du ministre *Mô*, qui avait été le soutien du roi *Ong In*. Il eut aussi pour concubine *Mi Neang Ki Chap*, mais ne laissa pas d'enfants mâles.

Au commencement de ce siècle *Tayniah* était le poste frontière entre la Cochinchine et le Cambodge et c'est par là que passaient les envoyés cambodgiens apportant le tribut.

1820. — Vers 1820, les *Birmans* avaient, sur un affluent de la rive droite du *Mékong*, quelques établissements que les agissements des Siamois leur firent abandonner après la guerre entre les Birmans et les Anglais en 1824. Un Anglais, Gibson, ambassadeur de Birmanie à *Hué*, proposa alors une route d'*Ava* au *Tong-King*. La distance était de cent lieues d'*Ava* au *Mé Kong*, et de soixante-dix de la à *Kècho* ou *Hanoï*, capitale du *Tong-King*, par les affluents de l'*Irawaddy*, du *Salouen*, du *Mé Nam*, du *Mé Kong*. C'était une entreprise facile ; mais les Siamois poussèrent les *Laotiens* situés à l'est du *Mé Kong*, à s'opposer à ce travail qui aurait réuni la Birmanie, le Siam, le Cambodge, la Cochinchine et la Chine.

1822. — Le chef des Cambodgiens de Vinh-Long, en 1822, refusa de livrer l'impôt. Les troupes du roi d'Annam envoyées contre lui sont repoussées par les Cambodgiens qui combattaient avec des flèches derrière des embuscades, sur la lisière des forêts, et qui employaient comme cavalerie des bœufs dressés. Une seconde armée annamite, en abattant les arbres et en cernant les rebelles, les défit.

Les soldats annamites avaient en outre des *gingols* [1] et des boucliers de peaux.

1823. — En 1823, les Birmans envoyèrent en Cochinchine une nouvelle ambassade pour poursuivre l'ouverture des relations entre le *Tong-King* et la *Birmanie* par le grand fleuve du Cambodge.

1824. — Le roi de Siam *Prea Yat Fa Nobhalai* meurt et son fils, *Prea Yu Huca*, lui succède.

1828. — *Ong Snhuon*, frère puîné du roi de Cambodge, meurt.

1829-1834. — *Neac Ong Him*, son deuxième frère, est fait gouverneur de *Battambong* par le roi de Siam et *Neac Ong Duong*, le troisième frère, gouverneur de *Monkoulaburi*. *Neac*

[1] Sorte de fusils de siège.

Ong Him dirigea diverses accusations contre son jeune frère, *Neac Ong Duong,* dont le roi de Siam ordonna le retour à la capitale. Il restait encore à *Battambong Neac Ong Him,* sa mère, sa femme et ses enfants. *Neac Ong Cham (Prauteï),* après avoir gouverné le pays pendant vingt-huit ans, mourut en 1834 [1]. Cette année-là les Siamois vinrent incendier *Phnôm Penh (Nam Vang).*

A la mort de *Ong Chan,* le roi de Siam *Prea Chao Prasat Thong* fit la guerre par terre et par mer aux Cambodgiens et prit *Hatien.* Il marcha sur *Chaudoc;* mais le général annamite *Truong Minh Giang* [2] le repoussa et construisit une citadelle à *Nam Vang* [3] pour protéger le Cambodge.

---

[1] Il était reconnu depuis 28 ans par le Siam et depuis 3 ans par l'Annam; mais il avait régné 38 ans.

[2] Autant le grand eunuque, *Taquan Lê Van Duyet,* s'était fait aimer et estimer du roi et du peuple du Cambodge, autant le général *Truong Minh Giang* se rendit odieux par ses crimes et ses infamies.

[3] *Phnôm Penh.*

Tentatives de réaction cambodgienne (1840). — Le Siam et l'Annam re-
connaissent Ong-Duong comme roi du Cambodge (1846). — Mission de
Montigny (1855).

1835. — Le vice-roi défunt n'avait pas de fils et ne laissait
que des filles. Le général annamite établit l'aînée des filles
(*Ngoc Van*) *Neac Ong Ban*, reine du Cambodge. Elle fut installée
à *Chaudoc*.

La reine *Neac Ong Ban* avait des parents dans la province de
Battambong avec lesquels elle entretenait une correspondance.
L'officier annamite ayant découvert cette correspondance fit
arrêter et décapiter la reine. Il paraît, selon les Cambodgiens,
que c'est à la suite des outrages dont il s'était rendu coupable
envers elle. Celle-ci avait une jeune sœur, *Neac Ong Hu* ou *Ong
Mey*, à laquelle le mandarin cochinchinois donna le gouvernement du Cambodge.

Peu après, un mandarin cambodgien se révolte avec l'aide du
roi de Siam *Cha Tri*. Mais les Siamois et les Cambodgiens sont
défaits par les Annamites qui maintiennent *Oudong* bloquée. Le
mandarin cochinchinois *Truong Minh Giang* contrôle toutes les
affaires du royaume. Il refusa d'envoyer au Siam le tribut habituel et fit le pays tributaire de la Cochinchine seulement. Les
nobles Cambodgiens et le peuple désiraient voir *Neac Ong Him*
et *Neac Ong Duong* revenir gouverner le pays. Lorsqu'ils voulurent envoyer au roi de Siam communication de ces choses,
ils craignaient les Cochinchinois. Cependant ils envoyèrent des
personnes engager *Neac Ong Him*, gouverneur de *Battambong*,
à revenir lui-même au Cambodge.

Neac Ong Him avait déjà tenté de revenir au Cambodge et encouru ainsi la colère du roi de Siam qui envoya un chef siamois, *Prea Balat*, pour juger, condamner et faire exécuter le prince cambodgien. Celui-ci prévoyant ces desseins fit périr cet envoyé et s'enfuit à *Phnom Penh*. Là, le gouverneur annamite lui représenta qu'il n'était pas à l'abri des poursuites du roi de Siam et il l'envoya en *Gia-Dinh* (*Saïgon*), puis à *Hué*. Les Cambodgiens, irrités de se voir enlever le prince royal, se soulevèrent et massacrèrent un grand nombre d'Annamites, sur plusieurs points. Ceux-ci rappelèrent alors *Ong Him* à *Chaudoc*. Il apaisa les Cambodgiens, rétablit la tranquillité et mourut à *Chaudoc*, laissant un fils, *Ong Phéam*, que les Annamites déportèrent avec ses parents ascendants et descendants, à *Poulo Condor* (*Cá-non*).

Cela se passait la dernière année du règne de *Minh-Mang*, en Cochinchine et sous le règne de *Prea Nang Klâu*, au Siam.

Le chef cochinchinois qui avait pris charge du Cambodge gouverna selon les lois de la Cochinchine et ordonna à tous les Cambodgiens de transformer leurs coutumes et leur habillement selon les idées cochinchinoises [1]. Les Cambodgiens étaient grandement opprimés et ne désiraient pas subir l'autorité de la Cochinchine. Ils demandèrent au roi de Siam que *Neac Ong Duong* fût envoyé pour les gouverner. Le roi de Siam envoya *Chau Pya Bodin* avec une armée, conduire *Ong Duong* au Cambodge. Il livra bataille aux Cochinchinois à un endroit nommé *Potisat*, et aussi à *Compong-Luong*, plusieurs fois. Les Cochinchinois furent défaits et se retirèrent avec leurs troupes. L'ordre fut rétabli dans le pays. Les trois frères de *Ong Chan*, c'est-à-dire : *Neac Ong Him*, *Neac Ong Snhuon* et *Neac Ong Pim* étant morts, le roi de Siam fit *Neac Ong Duong*, le plus jeune des frères de *Ong Chan*, roi de Cambodge, sous le titre de *Somdetch Prea Harirak Maha Issara Tibodi*. Il établit sa capitale à *Phnom Penh*.

Quand l'armée siamoise fut repartie, les Cochinchinois marchèrent de nouveau contre *Phnom Penh*, le roi s'enfuit à *Oudong Vichei* [2] et écrivit au roi de Siam qui renvoya une armée contre les Cochinchinois; ceux-ci se retirèrent. Le général siamois éleva

---

[1] Cette mesure avait déjà été prise inutilement en 1816.
[2] *Oudong la Victorieuse.*

autour d'Oudong la muraille qui existe encore aujourdhui. Ce chef siamois, au moment de repartir avec son armée, craignant le retour des Cochinchinois dans le Cambodge, ordonna (*sic*) au roi *Prea Harirak* d'envoyer une lettre au roi de Cochinchine, lui offrant de lui payer le tribut tous les trois ans, comme c'était la coutume au temps de son père *Ong Chan*.

Les Cochinchinois consentirent à laisser *Prea Harirak* régner en paix. L'Annam et le Siam furent officiellement dénommés *les Père et Mère du Cambodge*.

1846-1847. — Des conférences eurent lieu à ce sujet entre le Siam et les Cochinchinois, et *Neac Ong Duong* ou *Prea Harirak* fut reconnu roi de Cambodge par les deux peuples voisins [1]. Il réclama aussitôt aux Annamites les princesses et les nobles détenus par eux, et avant tout, sa mère, la reine *Prea Vo Kini*. Les Annamites les ramenèrent à *Vinh—Long* et les conduisirent à *Oudong*, ainsi qu'*Ong Pim*. Ce dernier se rendit ensuite au Siam où il mourut [2].

Depuis ce temps, le Cambodge et la Cochinchine ont entretenu des relations d'amitié et le commerce s'est fait entre les deux pays.

1848. — *Tu Duc* monte sur le trône de l'Annam.

1850. — *Prea Harirak* (*Ong Duong*) envoya son fils aîné *Rachabodi* [3], à *Bangkok* au service du roi de Siam.

1851. — Le roi de Siam *Prea Nang Klâu* meurt et *Prea Mongkut*, son frère, lui succède. Le roi de Cambodge envoie ses deux autres fils : *Si Sawat* et *Si Wata*, au service du Siam.

1855. — En 1855, à la requête du roi de Cambodge, le roi de Siam donne à *Rachabodi*, fils aîné de ce prince, le titre de *Ong Prea Norodom Prôm Borirak Maha Uparat* [4] et à *Si Sawat* le titre de *Prea Harirak Danaï Krei Kéo Fa*, et les envoya aider

---

[1] Le tribut est régulièrement offert, dit le *Gia dinh Thong Chi*, au roi d'Annam depuis lors (1847) jusqu'à ce jour (1859).

[2] Il y a 11 ans, le Cambodgien rebelle *Axoa* ou *Ong Buôm*, déporté à Bourbon en 1866, se faisait passer pour *Ong Pim*.

[3] Le roi actuel.

[4] C'est-à-dire héritier présomptif.

leur père dans le gouvernement du Cambodge ; *Ong Si Wata* [1] resta au Siam.

La même année M. de Montigny dans sa mission au Siam avait exprimé au roi l'intention de faire un traité de commerce avéc le Cambodge.

Le gouvernement siamois écrivit en ce sens à Mgr Miche, évêque de *Dansara*, vicaire apostolique du Cambodge. En même temps, il menaçait de sa colère le roi de Cambodge, s'il accédait au désir du ministre français. De là, le prétexte invoqué par le roi pour ne pas recevoir M. de Montigny.

[1] Les Annamites appellent ces trois frères : *Nacon Lan* (le roi), *Neac Ong On*, et *Neac Ong Chot*.

V

Avènement de Noroudâm (1860). — Traité secret de 1863 entre le Siam et
le Cambodge. — Tentatives avortées des Anglais (1864). — Traité de
1864 entre le Cambodge et la France. — Couronnement du roi. — Eta-
blissement du protectorat français. — Convention douanière de 1870
entre la France et le Siam. — Résultats de notre intervention. — Ré-
forme gouvernementale au Cambodge en 1877. — Carte générale des
royaumes d'Annam, de Cambodge, de Siam, et de la Cochinchine française.

1859-1860. — En 1860, le roi *Prea Harirak* mourut,
Ong Si Wata prit congé du roi de Siam pour aller rendre ses
devoirs aux restes du roi, son père. *Ong Si Wata* et *Noroudâm*
(*Norodom*) se querellèrent. *Si Wata* eut le dessous et s'enfuit
dans la province de *Nakon Siamrap* [1]. Il envoya *Senong Sô* [2] à
la ville de *Bap Noum* pour lui ramener sa famille. *Senong Sô*
s'y rendit, excita des troubles et rassemblant des forces marcha
contre *Oudong Vichey*, la capitale. *Prea Norodom* s'en effraya et
conduisit sa famille à *Battambong* en attendant l'arrivée des
forces siamoises. Le roi de Siam envoya *Pya Muc Montri* [3] avec
des troupes dans le Cambodge en 1862.

1861. — Henry Mouhot, voyageur français, explore les
monuments d'*Angcor*. Sa relation a signalé en 1863 au monde
civilisé toute leur magnificence.

1862. — De son côté, le gouverneur de *Bap Noum*, *Tam
Gio Ban* [4], au nom de *Prea Norodom*, défit les rebelles et *Noro-*

---

[1] Province voisine de *Battambong*.
[2] Oncle des deux princes.
[3] Titre.
[4] *Tam Gio Ban* devenu *Luc Créhám*, ministre de la guerre, fut tué par
trahison à *Bap Noum*, au moment où il allait s'emparer du rebelle *Pou Combô*.

dom régna en paix. *Si Wata* se réfugia au Siam ; ses partisans s'établirent sur notre territoire. *Senong Sô*, condamné plus tard à l'exil par l'autorité française, mourut de maladie.

Si Wata, frère cadet du roi *Norodom*, était né après le couronnement de son père *Ong Duong*, ce qui est aux yeux des Cambodgiens une prérogative importante.

Le roi avait dû promettre, en 1862, d'abandonner aux Siamois les deux provinces de *Campong-Soaï* et *Pursat;* mais les Siamois n'en prirent pas possession. En même temps les Annamites réclamaient le tribut triennal. Mais les choses allaient changer de face.

1863. — En 1863 le général *Phnéa* était commissaire du Siam auprès du roi de Cambodge. De notre côté nous avions occupé la pointe de la *Douane* aux quatre bras du *Phnom Penh*, en vertu d'une concession royale. Une révolte suscitée par le Siam fut étouffée par nous. Le souverain siamois faisait tous ses efforts pour couronner le roi de Cambodge en lui faisant prêter le serment de vassalité. Il l'avait forcé à signer, avec le Siam, en novembre 1863, un traité secret que nous ne connûmes qu'en août 1864. En février de la même année, les Anglais, influents à la cour de *Bangkok*, cherchaient à faire échec à notre politique et à conclure avec *Oudong* un traité de commerce. Depuis 1830, le vice-roi de l'Inde britannique essayait de mettre la main sur le Siam d'abord et sur le Cambodge ensuite. Nos adversaires voulaient rabaisser *Norodom* à la qualité de vice-roi, gouverneur du Cambodge, sous la suzeraineté du Siam.

Cependant les fêtes du couronnement étaient préparées à *Oudong ;* les Français s'y étaient rendus ; le général siamois en route pour la capitale apprit à *Campot* que les Français l'avaient précédé; il envoya donc à *Bangkok* la couronne royale qui était gardée au Siam depuis les dernières guerres. Après les fêtes, le général siamois arriva à *Oudong* et décida le roi à aller chercher sa couronne à *Bangkok ;* mais peu après le départ de *Norodom* le représentant du protectorat français à *Oudong* fit saluer, de 21 coups de canon, le pavillon français. Le roi comprenant les suites de son départ, revint à sa capitale le 17 mars

1864, et apprit en même temps un commencement de révolte dans l'intérieur du Cambodge.

La ratification du traité avec la France arriva sur ces entre-faites et fut apportée en grande cérémonie. Le général siamois quitta *Oudong* le 25 avril et le roi de Siam restitua la couronne cambodgienne qu'il envoya, en mai, par un grand mandarin siamois. Le chef d'état-major de l'amiral gouverneur de la Co-chinchine française reçut, des mains de ce mandarin, la cou-ronne royale et la transmit à *Norodom* qui se la posa lui-même sur la tête. Le roi avait alors vingt-neuf ans et son fils avait quatre ans. Il est nommé *Maha Duong Chap*. Cette année du couronnement (1864) correspond à l'année 2407 de l'ère boud-dhique, à l'année 1786 de la grande ère, à l'année 1226 de l'ère vulgairement employée et à la première année du soixante-seizième cycle chinois.

1865. — Le frère puîné du roi *Prea Keu Phea* revint du Siam et s'établit d'abord à *Saïgon* où le roi son frère lui faisait une pension annuelle d'une quinzaine de mille francs. La popu-lation de *Phnom Penh* ne comptait à cette époque que cinq à six mille âmes ; mais le roi se proposait de venir s'y établir [1].

1866. — Au mois de juin, révolte de *Pou Combo*. Le roi *Norodom* parvint avec les secours français à battre son ennemi et à rétablir l'ordre dans le royaume.

1867. — Il vient fixer sa résidence à *Phnom Penh*. En mai, le prince *Prea Keu Phea*, frère puîné du roi, est envoyé prendre le gouvernement de la province de *Bap Noum*.

1868. — Les deux provinces de *Battambong* et d'*Angcor* occupées par les Siamois, en 1795, leur restent définitivement acquises par suite d'un arrangement en vertu duquel le malen-contreux traité secret conclu entre *Norodom* et le roi de Siam, en 1863, ratifié à l'insu du gouverneur de la Cochinchine, le 22 janvier 1864, recevait son exécution définitive. Le roi de Siam renonçait, dès lors, à toute prétention de suzeraineté sur le Cambodge et reconnaissait officiellement notre protectorat [2] sur ce royaume.

---

[1] Depuis lors, la population de la capitale s'est élevée de 45,000 âmes.
[2] M. de Carné. — *Revue des Deux-Mondes* (1869).

Il est regrettable qu'on ait stipulé en France la cession au Siam de ces deux provinces où se trouvent les grands lacs et les admirables ruines d'*Angcor Watt* [1].

En 1870 eut lieu la convention douanière entre la France et le Siam, relativement à la navigation et à la pêche dans le grand lac ; les frontières étaient délimitées d'un commun accord entre le Cambodge et la Cochinchine française et entre le Cambodge et le Siam. Tout sujet de contestation avait disparu.

1874. — Le traité d'alliance et de commerce conclu à Saïgon entre la France et l'Annam, le 21 mars 1874, est une sorte de protectorat français accepté par l'empereur *Tu Duc*. Notre position est définitivement établie et réglée, vis-à-vis du Siam, du Cambodge et de l'Annam.

C'est également en 1874 qu'un traité de commerce fut ratifié entre la France et la Birmanie.

Ainsi, nous avons vu en suivant l'ordre des faits que le Cambodge se reconnaissait tributaire du royaume d'Annam, bien avant de l'être du Siam. Les Annamites sont les premiers qui aient envahi le Cambodge et conquis une partie de son territoire.

Le manque d'organisation dans l'État, d'armée régulière, d'armes à feu, d'entente entre les chefs, de subsides pécuniaires, le petit nombre de la population, la faiblesse de ses rois qui se croyaient sans cesse menacés en même temps par les Annamites et les Siamois, sont les causes qui rendirent facile la conquête annamite. Il y eut de courageuses résistances, comme dans la réaction qui eut lieu sous *Ming Mang* roi d'Annam, à la mort de *Ong Chan*, roi de Cambodge ; puis sous le roi *Ong Duong*, père du roi actuel, qui montra plus d'énergie, sut se faire reconnaître roi de Cambodge par les Siamois et les Annamites et améliora pendant son règne la situation du royaume.

Si les Annamites n'avaient fait que coloniser, organiser et mettre en culture leurs nouvelles possessions, les Cambodgiens se seraient probablement laissé protéger et même absorber par

[1] Voir l'ouvrage : *La Cochinchine et le royaume de Cambodge* avec 4 cartes.— Paris, Challamel, éditeur, 5, rue Jacob.

cette nation ; mais en voulant obliger les Cambodgiens à transformer leurs mœurs, leurs coutumes et jusqu'à leurs vêtements,
en défendant les alliances entre les Annamites et les femmes
barbares (c'est ainsi que les vainqueurs appelaient les vaincus),
en envoyant au Cambodge des chefs d'armée qui y commirent
des déprédations et outragèrent les membres de la famille royale,
les Annamites se firent détester. La révolte des *Tayson* avait
arrêté leurs empiètements. Lorsqu'ils voulurent les poursuivre
de nouveau, les Cambodgiens usèrent de représailles. Il y eut
des massacres considérables et les Annamites durent se retirer
en se contentant de ce qu'ils possédaient déjà.

Du côté du Siam, au contraire, la communauté d'origine, de
religion, de coutumes, était un motif de rapprochement plutôt
que de haine. Aussi les vues ambitieuses du Siam qui s'est emparé des provinces à l'ouest du lac [1] et qui de fait gouvernait le
Cambodge depuis un demi-siècle, par l'intermédiaire de com-
missaires siamois, étaient-elles bien mieux couvertes.

Tel était l'état des choses lorsque les Français, en s'emparant
de la basse Cochinchine, à la grande satisfaction des Cambodgiens, succédèrent légitimement aux Annamites dans leurs
droits de protectorat. Dès lors, l'autonomie de ce petit royaume
qui compte cinquante-six provinces et deux millions d'habitants, dont un million de Cambodgiens, fut sauvegardée et
assurée, sous la tutelle civilisatrice de la France [2].

1877. — Enfin de l'année 1877 datent les réformes introduites d'après les sages conseils de l'administration française,
dans le gouvernement et l'administration du Cambodge. L'ordonnance royale relative à l'application de ce nouveau régime
complète l'histoire de notre intervention libérale et généreuse
dans les affaires de cet intéressant royaume. Nous en donnons,
en terminant, la traduction officielle :

---

[1] *Battambourg et Angcor.*
[2] Le représentant de la France au Cambodge est M. Moura, lieutenant de
vaisseau.

ORDONNANCE ROYALE

Concernant les réformes introduites dans le gouvernement
et l'administration du royaume du Cambodge.

Nous, SOMDACH PREA-NORODON, roi du Cambodge, donnons
avis aux princes, aux mandarins grands et petits de la capitale et
des provinces, et enfin à tous nos sujets, que, après avoir con-
sulté nos mandarins, nous avons révisé les anciens usages dont
les uns étaient bons et les autres mauvais. Nous modifions
aujourd'hui les lois comme suit, afin qu'elles soient équitables et
bonnes pour tous.

DE LA FAMILLE ROYALE.

1° Le somdach *Preà-Moha Obbarach* (2° roi) et la *somdach
Preà-Voreach Chini* (reine-mère) actuels conserveront, leur vie
durant, les prérogatives et les revenus, apanages..... qui leur
sont dévolus par les anciens usages. Après l'extinction naturelle
des droits acquis par les titulaires, c'est-à-dire après leur mort,
ces hautes positions seront purement honorifiques.

Le *somdach Preà-Moha Abyôréach* (le roi qui a abdiqué), ainsi
que les princes qui ont actuellement certains pouvoirs, n'auront
plus désormais aucune autorité dans l'État, et leurs titres seront
purement honorifiques.

Les mandarins de l'*Abyôréach*, ceux de l'*Obbarach* et de la
somdach Preà-Voreach Chini, conserveront leurs titres avec une
solde du roi, mais ils n'auront d'autorité que dans les palais des
princes dont ils relèvent, et n'exerceront aucune espèce de pouvoir
à l'intérieur du royaume.

2° Les princes recevront du gouvernement une solde propor-
tionnée à leur grade et aux ressources du trésor.

3° Les mandarins de l'*Obbarach* et ceux de la *Voreach Chini*, les gouverneurs des provinces relevant de l'administration de ces deux hauts dignitaires, ainsi que les petits mandarins placés sous les ordres de ces gouverneurs, qui ont en ce moment des pouvoirs judiciaires, les conserveront, mais on pourra en appeler de leurs jugements devant le tribunal supérieur.

DU GOUVERNEMENT.

1° Un conseil composé des cinq plus grands mandarins sera chargé de la haute surveillance de l'exécution des lois, ainsi que de l'étude des réformes et modifications dont elles pourraient devenir susceptibles.

Le conseil se compose de cinq ministres :

> Le *chauféu* ;
> Le *yommo-rach* ;
> Le *veang* ;
> Le *cralahom* ;
> Et le *chacrey*.

Le conseil délibérera hors de la présence du Roi et soumettra ensuite à Sa Majesté les mesures reconnues opportunes et utiles au pays.

2° Les contrats passés entre le gouvernement et les personnes qui viennent se livrer à une exploitation quelconque au Cambodge seront soumis à l'examen du grand conseil du gouvernement, et approuvés par le Roi. Cette règle concerne les Européens, les étrangers de toutes races et nos sujets.

DE L'ADMINISTRATION.

1° Les cinq ministres continueront, comme par le passé, à exercer une haute surveillance sur l'une des cinq grandes divisions territoriales et administratives du royaume.

2° Le nombre des provinces sera ramené à ce qu'il était à la mort du dernier Roi.

3° Les habitants d'un village choisissent leur *mi-sroc* (maire) ; celui-ci nomme lui-même son *chômtop* (adjoint). Les gouverneurs seront tenus d'accepter ces choix, à moins de motifs graves pour s'y opposer, et le cas est alors porté devant le ministre chargé en chef de l'administration de la province.

4° Les *ocnha-luong* (délégués royaux), les *preâ-réâch-bâmro* (inspecteurs) seront envoyés de temps en temps dans les provinces, mais ils n'auront par le droit de rendre la justice pendant la durée de leur mission.

Il n'y aura plus désormais d'*ocnha-luong* restant à poste fixe dans l'intérieur du royaume ; ils ne séjourneront dans les provinces que le temps nécessaire à l'exécution des ordres qu'ils auront reçus.

5° Autant que possible, on n'élèvera à la dignité de mandarin que des individus de race cambodgienne. Les titres conférés à des particuliers de race étrangère leur donneront seulement des droits sur nos sujets de leur race, ou de leur nationalité, qui sont établis au Cambodge.

6° Un grand nombre de mandarins, n'ayant pas aujourd'hui un traitement suffisant pour vivre, sont enclins à commettre des exactions. Nous avons songé à réduire le nombre des fonctionnaires au plus strict nécessaire, et nous leur donnerons à chacun un traitement fixe, annuel et proportionné à leur dignité.

7° Les apanages actuels des mandarins sont supprimés et font retour à l'État, ces apanages seront remplacés par un traitement équivalent.

8° Nous désignerons des mandarins qui seront spécialement chargés des travaux d'utilité publique.

9° Toute opération commerciale est absolument interdite aux grands dignitaires et aux gouverneurs des provinces pendant la durée de leurs fonctions.

DE L'IMPOT.

1° Aucun impôt nouveau ne peut être établi sans l'avis du conseil de gouvernement.

2° Toutes les fermes et monopoles sont abolis, sauf en ce qui concerne l'opium et les alcools de riz.

3° Les anciens jeux, dits *po, thua, contot, biér-sisec,* seront autorisés à *Pnum-penh* et dans les grands centres de l'intérieur ; mais on ne jouera plus dans les villages, ni dans les barques, le lac, les rivières, les arroyos...

4° Les droits prélevés sous les marchés couverts, ainsi que les nouvelles taxes de toute nature et les jeux nouveaux, sont supprimés.

5° L'ancienne corvée (*menus-réachéacar*) sera maintenue ; mais elle pourra être rachetée au moyen de 20 *ligatures* pour l'année. Les corvéables qui ne rachèteront pas leur corvée seront tenus, selon les anciens usages, de travailler 90 jours pour l'État, soit dans la capitale, soit dans l'intérieur du royaume.

6° Les usages actuels concernant les cultures comportant des imperfections qui entraînent une foule d'abus, nous les révisons ainsi qu'il suit :

On prélèvera, à titre d'impôt foncier, 1/10 sur les productions du *paddy*. Si l'on exporte ce paddy hors de la province, il supportera un nouveau tribut de 1/20 de la quantité exportée. Les gouverneurs et les douaniers seront chargés de porter ce riz dans les magasins de l'État, à *Pnum-penh*. Les contribuables et les commerçants auront la faculté de payer l'un et l'autre de ces impôts en argent ou en nature.

Sont supprimés tous les autres prélèvements qui avaient lieu sur le riz, tels que le panier donné au mandarin chargé du mesurage des récoltes, le panier exigé par les magasiniers royaux au moment de l'emmagasinage, etc...... Les terrains propres aux cultures, appelés *chomcar*, seront loués à raison de 2 à 400 *ligatures* le *sen*, suivant leur degré de fertilité et leur profondeur, sans préjudice de 1/10 de la valeur des produits prélevé aux douanes ; sont dans ce cas les plantations suivantes : le coton, le tabac, l'indigo, le mûrier et les légumes de toute espèce.

Le bétel sera imposé de 30 *sapèques* (4 centimes) par pied, plus 1/10 sur celui qui sera livré au commerce.

Le poivre sera imposé de 4 tien par pied (à très-peu près 2 *piculs* 1/2 par 1,000 pieds) ; l'impôt de sortie est de 1/10 de la valeur de cette denrée. Les cultivateurs et les commerçants seront libres de payer en nature ou en argent.

Le sucre de palmier sera soumis à un impôt de 1 *caam* (pot de sucre de la valeur de 1 franc) par chaque personne se livrant à cette exploitation et par an. Si le sucre est exporté, il sera soumis à un nouveau droit de 1/10 de sa valeur.

7° Le gouvernement louera directement aux cultivateurs les terrains cultivés en *chomcar*, et on ne les adjugera plus en bloc à des intermédiaires qui faisaient là-dessus des bénéfices sans se donner aucune peine. Le bail sera au minimum de trois ans et le paiement sera fait par annuités. Au bout de trois ans ces terrains pourront être loués à d'autres cultivateurs, s'ils font des offres plus avantageuses à l'État.

8° L'impôt sur l'exploitation des forêts reste le même. (Il est de 1/10 de la valeur des arbres abattus, plus de 1/20 environ de la valeur de ces arbres. Le premier de ces impôts est prélevé à la douane et le second sur les lieux d'exploitation.)

9° L'évaluation du prix des denrées imposables sera calculée sur la valeur de ces produits à *Pnum-penh*. La mercuriale sera affichée chaque semaine dans les postes de douane.

Pour les poivres, ce sera le marché de *Campot* qui réglera l'estimation, et l'on affichera également les prix de la place à la douane de sortie.

10° Le droit d'abattage des porcs reste fixé au 1/10 de leur valeur.

DE LA JUSTICE.

1° Les anciennes lois du royaume sont très-sages; tout le monde les connaît, mais on ne les suit pas aujourd'hui. Nous ordonnons à ce sujet ce qui suit :

2° Un tribunal supérieur, composé des principaux magistrats du royaume, sera institué dans la capitale, et aura pleins pouvoirs judiciaires. Nous désignons, pour faire partie de ce tribunal, les mandarins de la justice dont les titres suivent :

> Le *suphea-thuppdey* ;
> Le *suphea-montrey* ;
> Le *suphea-treach* ;
> Le *supgea-sattarach* ;
> Le *montrey-cadarach* ;
> Le *norea-treach* ;
> Le *reach-suphea* ;

auxquels seront adjoints, selon le cas, les magistrats d'un moindre rang, mais qui sont chargés de connaître spécialement certains délits.

3° Ce tribunal se constituera en cour d'appel pour tous les jugements rendus dans la capitale et dans les provinces, et dont on appellerait.

4° A partir de ce jour, les attributions judiciaires des mandarins qui ne font pas partie de la magistrature seront définies et très-limitées. Pour des cas particuliers nous nous réservons le droit de désigner nous-même les juges qui devront se constituer en tribunal.

5° Ce tribunal supérieur a seul qualité pour proposer au roi la révision des lois et des anciens usages.

6° Les frais de justice, les amendes et enfin les recettes de toute nature, provenant de l'administration de la justice, seront enregistrés et versés au trésor royal.

7° Les magistrats qui recevront des cadeaux ou de l'argent, de la part des personnes traduites, à n'importe quel titre, devant leur tribunal, seront traduits devant la haute cour de justice.

8° L'État pourvoira à l'habillement et à la nourriture des prisonniers, et les gardiens ne prélèveront plus sur eux les sommes qu'ils exigent aujourd'hui, sous prétexte d'usure de chaîne, de cangue, de ceps.....; on devra leur donner une nourriture suffisante, et on ne les conduira plus sur les marchés pour quêter l'aumône et où ils prennent, en réalité, ce qui leur convient.

DE L'ESCLAVAGE.

Les gouvernements des peuples civilisés et forts ont aboli l'esclavage depuis longtemps. Nous désirons, nous aussi, faire disparaître de notre code cette ancienne institution. Mais afin de sauvegarder les intérêts considérables qui reposent actuellement sur cette vieille coutume, nous voulons procéder graduellement, c'est pour ces motifs que nous décidons ce qui suit :

1° L'esclavage à vie, sans faculté de rachat, sauf les exceptions que nous indiquerons à l'article n° 5, est aboli dans notre royaume.

2° A partir du jour de la promulgation des présentes, les débiteurs insolvables, qui tomberont dans l'esclavage, pourront toujours se racheter, et on leur comptera, lorsqu'ils travailleront pour le maître, une solde qui sera ultérieurement déterminée et qui entrera en déduction de la somme due.

3° La loi énoncée à l'article précédent n'aura pas d'effet rétroactif. Les anciens esclaves continueront à être régis par l'ancienne loi ; mais ils auront la faculté de se racheter sans que leur maître puisse s'y opposer. Dans dix ans, à partir du jour de la promulgation de cette ordonnance, on diminuera de moitié la dette de ces esclaves ; le contrat qui les lie à leur créancier sera refait, et à partir de ce moment, que l'esclave soit un homme ou une femme, son travail entrera en déduction de la dette jusqu'à extinction de celle-ci. Une fois la dette éteinte par le travail, l'esclave redevient libre.

Le chiffre de la dette portée sur le billet ne peut être augmenté sans l'autorisation et la signature du débiteur, à moins d'un jugement qui condamne celui-ci à prendre à son compte des préjudices causés par sa faute à son maître, mais il faudra que les juges inscrivent sur le billet même la somme fixée par eux en dédommagement des pertes éprouvées par le maître, et qu'ils apposent leur cachet sur cette pièce.

La famille du débiteur reste à la disposition du créancier jusqu'à ce que la dette soit payée; celui-ci nourrit et habille les divers membres de cette famille, mais il ne peut ni les céder, ni les vendre, ni les séparer, et il doit les délivrer tous en même temps lorsqu'ils se sont acquittés.

La traite des sauvages, ou des étrangers de n'importe quelle nationalité, n'est plus permise. Ceux qui, malgré notre défense, oseront acheter ou vendre des esclaves dans ces conditions, seront arrêtés, conduits à *Pnum-penh* et livrés au tribunal supérieur.

Ceux qui achèteront des enfants, ou autres personnes, sans faculté de rachat, seront poursuivis et punis.

A partir d'aujourd'hui, les sauvages et autres esclaves à perpétuité auront la faculté de se racheter. Ils rentreront dans la catégorie des anciens débiteurs insolvables. (Voir article 3.) On se conformera, à leur égard, aux prescriptions ci-après indiquées : les personnes qui ont des esclaves sauvages ou autres, vendus autrefois sans faculté de rachat, et pour lesquels il n'aurait pas été fait de contrat ou engagement, les conduiront de suite chez le gouverneur de leur province, qui fera établir un contrat régulier signé par les parties et par le gouverneur. Les maîtres qui négligeront de remplir cette formalité perdront leurs droits sur ces esclaves.

4° Les débiteurs qui ne pourront pas fournir l'intérêt de leur dette pourront, s'ils le veulent, travailler chez leur créancier, qui retiendra sur leurs journées de travail, dont le prix sera fixé ultérieurement, la somme correspondante à l'intérêt dû.

5° Les *néac-ngéar* (esclaves à vie du gouvernement), qui ont été réduits à cette condition par les lois du pays, et à la suite de grands crimes commis par eux ou leurs ancêtres, continueront à être soumis aux anciens usages qui les concernent. Néanmoins, et afin de fixer un terme aux rigueurs de cette loi, nous invitons le tribunal supérieur à nous proposer des règles pour le rachat de ceux de ces esclaves qui par leur conduite et les services rendus, mériteraient cette faveur.

Considérant, en outre, que les *néac-ngéar* sont assujettis à un service plus pénible que celui qui incombe aux corvéables libres, nous leur maintenons la jouissance exclusive des terrains et pêcheries qui leur sont réservés par les anciens usages ; ils seront libres de choisir leur résidence et ne feront que trois mois de service dans l'année pour l'État.

Pour tout ou partie de ces corvées, les substitutions entre *néac-ngéar* sont permises ; ils seront même autorisés, si les exigences du service ne s'y opposent pas, à racheter leur corvée.

Pendant la durée de leur service, les *néac-ngéar* seront habillés et nourris aux frais de l'État. Ils recevront une livre de riz par jour, un *tien* de sapèques et une ration de sel.

Ils disposeront, selon leur volonté, des neuf mois pendant lesquels le gouvernement ne les emploie pas.

Ces ordonnances royales paraîtront, et auront force de loi, le 1er du mois *méac* de l'ère de *chollasacrach* 1238, année du *rat*, 17e de notre règne, correspondant au 15 janvier 1877 de l'ère chrétienne.

CACHET DU ROI.

FIN.

OUVRAGES A CONSULTER

San-Antonio. — Breve y verdadera relaxion de Camboxa. Valladolid P. Lasso.................................... in-4°   1604

Ferreyra. — Relaçao e reynos de Camboya. Lisbonne....   in-4°   1607
Reyze in de Koningricken Cambodia, en 1664. Haarlem.   in-4°   1669
Relations nouvelles des Indes orientales (royaume de Tongking et Laos). Paris............................... in-4°   1683

Dubois. — Vies des Gouverneurs hollandais aux Indes orientales. La Haye..................................... in-4°   1753

Abel Rémusat. — Traduction de la description du royaume de Cambodge, par un voyageur Chinois. Paris........... in-8°   1819

Mgr Pallegoix. — Description du royaume de Haï (Siam)........   1854

Association des Missionnaires américains. — The past and present relations between Cambodia, and Siam. Traduction anglaise des Annales siamoises. Bangkok...........................   1861

Cortambert et Rosny. — Tableau de la Cochinchine et du Cambodge. Bibliographie.....................................   1862

Mouhot. — Voyage au Siam, au Cambodge et au Laos. Paris....   1863

Aubaret. — Le Gia dinh Thongchi. Histoire et description de la basse Cochinchine, traduction française....................   1864

Ch. Lemire. — Itinéraire d'un voyage au Cambodge et retour par terre de Oudong à Trambang. (Courrier de Saïgon du 20 avril)   1865

Mgr Miche, R. P. Grandjean. — Annales de la Propagation de la foi.

Dr Hennecart. — Etudes inédites. Vocabulaire cambodgien-latin et latin-cambodgien avec les caractères cambodgiens.........   1865

X..... — Vocabulaire français-cambodgien et cambodgien-français, inédit. Notice historique sur les derniers rois de Cambodge. (Courrier de Saïgon du 5 juillet.)..................   1866

de Lagrée. — Chronique royale officielle, traduction française....   1866

R. P. Legrand de la Liraye. — Notes historiques annamites. Tra-

TABLE DES MATIÈRES

975. — ABBEVILLE. — TYP. ET STÉR. GUSTAVE RETAUX.

www.ingramcontent.com/pod-product-compliance
Lightning Source LLC
Chambersburg PA
CBHW051138050726
47594CB00003B/1149